サービス担当者会議の
取扱説明書
とりせつ

Care Conference manual

あたご研究所　後藤佳苗　著

第一法規

はじめに

　サービス"担当者"会議という名称ではありますが、サービス担当者会議はサービスを提供する担当者のために開催する会議ではありません。利用者のために開催する会議であり、利用者や家族が会議の中心となります。

　このため、会議で検討する対象は、利用者や家族ではなくケアプラン原案であり、利用者や家族を会議の中心とするためには、サービス担当者会議に利用者や家族が参加することが大原則となるのです。

　ケアマネジャー自身が主宰し、利用者や家族が参加する会議において、気配りをしながら複数の議事内容を漏らさず進行するためには、会議当日の運営を理解するだけでは不十分です。事前の根回しや段取り、連絡調整、会議後の報告などを通し、日ごろからケアチーム内の関係を構築しておくことが求められます。

　このため、サービス事業所等との関係が構築途中の新人ケアマネジャーの中には、サービス担当者会議を特に苦手と感じることが多い様子です。しかし、サービス担当者会議を苦手と思い続けた場合には、"サービス担当者会議を開催すること（開くこと自体）"がサービス担当者会議の目的にすり替わってしまう危険性もあり、この苦手意識はできるだけ早期に払しょくすべきと考えています。

　本書は、"サービス担当者会議の取扱説明書"として使っていただけるよう、サービス担当者会議に係る内容を細分化して解説を付しました。各節を確認していただくことにより、サービス担当者会議の運営とケアマネジャーの動き方などについて、詳細かつ幅広く再確認することができるはずです。

　サービス担当者会議の重要性を理解し、実践するケアマネジャーが増えること、そして、本書がその一助となることを祈念いたします。

2018年8月
あたご研究所　後藤佳苗

本書の使い方

● 紙面の見方

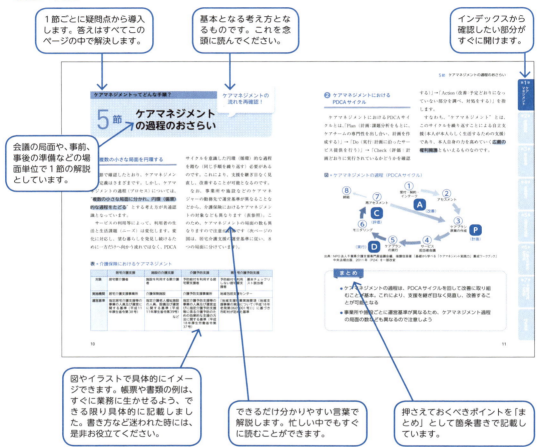

1節ごとに疑問点から導入します。答えはすべてこのページの中で解決します。

基本となる考え方となるものです。これを念頭に読んでください。

インデックスから確認したい部分がすぐに開けます。

会議の局面や、事前、事後の準備などの場面単位で1節の解説としています。

図やイラストで具体的にイメージできます。帳票や書類の例は、すぐに業務に生かせるよう、できる限り具体的に記載しました。書き方など迷われた時には、是非お役立てください。

できるだけ分かりやすい言葉で解説します。忙しい中でもすぐに読むことができます。

押さえておくべきポイントを「まとめ」として箇条書きで記載しています。

● 巻末資料について

巻末には業務に役立つ資料を掲載いたしました。

・法令通知集は、サービス担当者会議について規定している法令と通知を中心に掲載しています。

・身体各部の名称、姿勢に関する医療用語などは、医療関係者との打ち合わせの際、とっさに言葉が出てこない時などにご活用ください。

・昭和の主なできごとをまとめた表は、利用者との会話の話題づくりに是非ご利用ください。

● 本書で使用する主な法令等の「略称」と「正式名称」

略称	正式名称	概略
●法	介護保険法（平成9年法律第123号）	介護保険制度の目的、各サービスの定義、サービス給付の内容等について定めた法律です
◎施行規則	介護保険法施行規則（平成11年厚生省令第36号）	法を補足する細かい規定について定めた省令です
◎運営基準	指定居宅介護支援等の事業の人員及び運営に関する基準（平成11年厚生省令第38号）	居宅介護支援を提供する上で満たすべき人員、運営方法等の基準を定めた省令です
◎予防基準	指定介護予防支援等の事業の人員及び運営並びに指定介護予防支援等に係る介護予防のための効果的な支援の方法に関する基準（平成18年厚生労働省令第37号）	介護予防支援を提供する上で満たすべき人員、運営方法等の基準を定めた省令です
○算定基準	指定居宅介護支援に要する費用の額の算定に関する基準（平成12年厚生省告示第20号）	居宅介護支援費に関する基準を定めた告示です
○定める基準	厚生労働大臣が定める基準（平成27年厚生労働省告示第95号）	算定基準等で示された内容の一部について、より具体的な内容を定めた告示です
※解釈通知	指定居宅介護支援等の事業の人員及び運営に関する基準について（平成11年老企第22号）	運営基準（省令）の内容を補足し、解釈を加えた通知です
※予防の解釈通知	指定介護予防支援等の事業の人員及び運営並びに指定介護予防支援等に係る介護予防のための効果的な支援の方法に関する基準について（平成18年老振発第0331003号・老老発0331016号）	予防基準（省令）の内容を補足し、解釈を加えた通知です
※算定基準の解釈通知	指定居宅サービスに要する費用の額の算定に関する基準（訪問通所サービス、居宅療養管理指導及び福祉用具貸与に係る部分）及び指定居宅介護支援に要する費用の額の算定に関する基準の制定に伴う実施上の留意事項について（平成12年老企第36号）	算定基準（告示）の内容を補足し、留意事項等を解釈した通知です
※標準様式通知	介護サービス計画書の様式及び課題分析標準項目の提示について（平成11年老企第29号）	ケアプラン等の標準的な様式と記載上の留意事項、課題分析の標準項目などを示した通知です
※見直し通知	居宅介護支援等に係る書類・事務手続や業務負担等の取扱いについて（令和3年老介発0331第1号・老高発0331第2号・老認発0331第3号・老老発0331第2号）	煩雑で負担となる書類作成や事務手続への対応の例などを示した通知です

●法律、◎省令、○告示、※通知　を示しています。

目 次

はじめに iii
本書の使い方 iv

第 1 章　介護保険制度におけるケアマネジメント

1 節　サービス利用の手続きのおさらい 2
2 節　居宅介護支援の役割のおさらい 4
3 節　ケアマネジャーの定義と義務のおさらい 6
4 節　ケアマネジメントの定義のおさらい 8
5 節　ケアマネジメントの過程のおさらい 10
6 節　運営基準減算のおさらい 12

第 2 章　サービス担当者会議の基礎知識

1 節　居宅介護支援における「担当者」の定義 16
2 節　サービス担当者会議の目的 18
3 節　サービス担当者会議の定義 20
4 節　サービス担当者会議の運営 22
5 節　サービス担当者会議の開催時期 24
6 節　「やむを得ない理由」... 26
7 節　「やむを得ない理由」の違い 28
8 節　サービス担当者会議の機能 30
9 節　会議でケアチームをつくる 32
10 節　会議におけるケアマネジャーの役割 34
〔コラム〕軽微な変更 36

第3章　サービス担当者会議の事前準備

- 1節　個人情報保護　利用者と家族の同意 … 38
- 2節　事業所への連絡 … 40
- 3節　欠席者への照会　旧第5表の活用 … 44
- 4節　資料を準備する … 46
- 5節　参加を促す①利用者、家族 … 48
- 6節　参加を促す②サービス担当者 … 50
- 7節　参加を促す③主治医 … 52
- 8節　参加を促す④専門職以外 … 54
- 〔コラム〕略語や専門用語は控えよう … 56

第4章　サービス担当者会議当日の動き

- 1節　会議当日の主な役割 … 60
- 2節　会議の流れと時間管理 … 62
- 3節　会議の開始は挨拶から … 64
- 4節　会議を時間どおりに進めるコツ … 66
- 5節　みなの意見を引き出すコツ … 68
- 6節　みなの意見をまとめるコツ … 70
- 7節　利用者の代弁①権利擁護 … 72
- 8節　利用者の代弁②家族は社会資源 … 74
- 9節　会議で使いこなしたい共通言語（ICF） … 76

第5章　サービス担当者会議後の役割

- 1節　資料の作成①第4表の書き方 … 80
- 2節　資料の作成②第4表の扱い方 … 82
- 3節　資料の作成③議事録の作成 … 84
- 4節　参加者への働きかけ … 86
- 5節　第4表の交付義務と取扱い … 90
- 〔コラム〕サービス担当者会議チェックシート［見本例］ … 93
- 6節　第4表の交付の裏技 … 94

第 6 章　要支援者のサービス担当者会議〜介護との相違点〜

1節　介護予防支援の定義 ………………………………………………………… 98
2節　介護予防支援におけるサービス担当者会議 ……………………………… 102
3節　予防支援におけるサービス担当者会議の準備 …………………………… 104
4節　会議の司会進行 ……………………………………………………………… 106
5節　会議後の事務を再確認 ……………………………………………………… 108
6節　モニタリングを地域づくりに生かす ……………………………………… 110

第 7 章　多職種連携への展開

1節　チームケアに必要な連携 …………………………………………………… 114
2節　ケアマネジャーに求められる"連携" …………………………………… 116
3節　医療との連携に必要なスキルと必要な配慮 ……………………………… 118
4節　地区組織等との連携 ………………………………………………………… 120
〔コラム〕類似会議との相違点 …………………………………………………… 122

巻末資料

1　法令・通知集 …………………………………………………………………… 126
2　身体各部の名称と骨・関節の名称 …………………………………………… 136
3　姿勢に関する医療用語・イラスト …………………………………………… 138
4　昭和の主なできごと …………………………………………………………… 140

● 参考文献 …………………………………………………………………………… 142

● 著者紹介 …………………………………………………………………………… 143

（編注）初版第 4 刷において、令和 3 年度介護報酬改定に関する修正を行いました。

第 1 章

介護保険制度における ケアマネジメント

サービス担当者会議に精通するためには、介護保険制度に関する全般的な理解が土台となります。

第1章では、ケアマネジャーが押さえておきたい介護保険やケアマネジメントの基本的な知識をまとめました。

今さら聞けない内容や、うっかり間違えていた内容がないか、日ごろの業務を振り返りながら再確認をしてみましょう！

最初に心得たいことは？

1節 サービス利用の手続きのおさらい

法定代理受領方式の重要性を再確認！

❶ 介護サービスを受ける際に必要な手続き

　介護保険では、被保険者全員が介護サービスを利用できるわけではありません。介護サービスを利用するためには、被保険者に保険事故が発生していることを確認し（**要介護・要支援認定を受け**）、一人ひとりに必要なサービスの量とその内容をあらかじめ決め（**ケアプランを作成**す）ることが必要です。

　居宅サービス計画（ケアプラン）とは、利用者に必要なサービスの種類や量をあらかじめ定めた書類です。ケアプランの作成により利用者が受ける最大の利益は、「**法定代理受領方式**でサービスを受けられること」といえます（法第41条第6項）。

❷ サービスの法定代理受領のためにはケアプランが必要

　介護サービスの利用に伴う支払いは、**償還払い方式**が原則（基本）として制度が作られています。償還払い方式だとしても利用料の負担する金額は、法定代理受領方式の場合と変わりません。しかし、先に全額

図●介護保険のサービスを受ける際に必要な手続き

被保険者	▶	保険事故の発生を確認	▶	ケアプラン作成	▶	サービス提供
①65歳以上の者 ②40歳〜64歳の医療保険加入者		要支援状態・要介護状態の有無と程度の認定を受ける		必要なサービスの量と質をケアプランに位置づける		サービス事業者等からサービスを受ける

出典：後藤佳苗『法的根拠に基づくケアマネ実務ハンドブック』中央法規出版、2014年（P10）を一部改変

を支払わねばならない償還払い方式では、利用者がサービスを利用する時点で、ある程度まとまったお金の用意が必要となります。このため、家計上の都合から必要なサービスを受けない（受けられない）恐れもあります。

償還払い方式を、法定代理受領方式へと切り替える書類が、ケアプランです。利用者は利用するサービスがケアプランに位置づけられていることにより、法定代理受領方式でサービスを利用できるようになるのです。

また、居宅介護支援事業者やサービス事業者には、利用者の利便性の向上とともに、必要な給付を適切に配分するためにも、法定代理受領方式の必要性を再確認し、利用者を援助する義務が法令にて決められているのです。

図 ● 償還払い方式の場合の家族等の反応の例

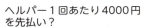

生活の苦しいAさんの家族

ヘルパー1回あたり4000円を先払い？
後から9割戻ってくるから実際は400円だって言われても……。
まとまったお金がないから、使うのを控えよう

裕福なBさんの家族

ヘルパーの費用は後から8割戻ってくるから、実際は2割の800円でしょ。
必要はないけど、800円なら使えるだけ使いたいわ

まとめ

- ケアプランの作成により利用者が受ける最大の利益は、「法定代理受領方式でサービスを受けられること」
- 償還払い（先に全額支払い後から保険分を返還する）方式では、経済力や家族との関係性などで、サービスの利用の程度が左右される可能性がある
- 適切なサービス利用をするためにも、法定代理受領方式に切り替えるケアプランは重要

仕事（居宅介護支援）の根拠って？

> 改めて聞かれたら自信をもって答えたい！

2節　居宅介護支援の役割のおさらい

❶ 居宅介護支援の定義 （法第8条第24項）

　居宅介護支援の定義は、法第8条第24項に示されています。これによると、対象は、居宅要介護者であり、さまざまなサービスの適切な利用を通して居宅要介護者が、望む生活を手に入れるために、関係者が協働し力を尽くせるよう連絡調整等を行うこと、それを書面（ケアプラン）として残すことです。そして、本人の選択を支える（自立を支援する）仕事を「居宅介護支援事業」と呼ぶのです。

　すなわち、ケアプランを作成するケアマネジャーには、目の前の利用者と真摯に向き合い、利用者主体の実現を目指すとともに、保険制度の理念と財源を維持し、質の高いサービスを公平・平等に分配・実施する役割があるといえるでしょう。

❷ ケアプランに記載する内容 （「定める事項」）

　償還払い方式で作られている介護保険制度を、法定代理受領方式に変更する書式が、居宅サービス計画（ケアプラン）であることは、前節で確認しました。

　しかし、「居宅サービス計画に定める事項」について、改めて聞かれると自信がないケアマネジャーもいる様子です。利用者

表●償還払い方式と法定代理受領方式

償還払い方式	法定代理受領方式
・利用者はサービス事業所に利用料の10割を支払い、後日保険者にサービス事業所から受け取った領収書を提出し、保険者から利用者に保険対象分の9割（利用者によっては8割や7割）が返還される方式のこと。	・介護サービスを利用する一般的なサービス提供の方式のこと。 ・事業者等がサービスを提供し、その費用の保険対象分9割（利用者によっては8割や7割）を利用者に代わって市町村等に請求・報酬を受け取る方式のこと。

の人生設計図であるケアプランに記載する内容（定める事項）についても理解しておきましょう。

例えば、ケアプランには介護給付以外のものも記載し、利用者に説明する必要があります。なぜなら「指定居宅サービス等の提供を受けるために居宅要介護者が負担しなければならない費用の額」と法令に示さ れているためです。

また、研修等で"第2表のニーズ欄には本人のニーズを記載する（家族のニーズは記載しない）"と教わるのは、ケアプランに定める事項として法令で「当該居宅要介護者の」と限定されていることが根拠とされています。

表 ● ケアプランに定める事項

居宅サービス計画（法第8条24項、法施行規則第18条）	施設サービス計画（法第8条第26項、法施行規則第19条）	介護予防サービス計画（法第8条の2第16項、法施行規則第22条の22）
1. 利用する指定居宅サービス等の種類及び内容、これを担当する者	1. 施設が提供するサービスの内容、これを担当する者	1. 利用する指定介護予防サービス等の種類及び内容、これを担当する者
2. 当該居宅要介護者及びその家族の生活に対する意向	2. 当該要介護者及びその家族の生活に対する意向	2. 当該居宅要支援者及びその家族の生活に対する意向
3. 当該居宅要介護者の総合的な援助の方針並びに健康上及び生活上の問題点及び解決すべき課題、提供される指定居宅サービス等の目標及びその達成時期	3. 当該要介護者の総合的な援助の方針並びに健康上及び生活上の問題点及び解決すべき課題並びに提供する施設サービスの目標及びその達成時期	3. 当該居宅要支援者の総合的な援助の方針、健康上及び生活上の問題点及び解決すべき課題、提供される指定介護予防サービス等の目標及びその達成時期
4. 指定居宅サービス等が提供される日時	4. （－）	4. 指定介護予防サービス等が提供される日時
5. 指定居宅サービス等を提供する上での留意事項	5. 施設サービスを提供する上での留意事項	5. 指定介護予防サービス等を提供する上での留意事項
6. 指定居宅サービス等の提供を受けるために居宅要介護者が負担しなければならない費用の額	6. （－） 施設サービス計画には、日時と費用の額が定める事項に含まれていない	6. 指定介護予防サービス等の提供を受けるために居宅要支援者が負担しなければならない費用の額

まとめ

- ケアマネジャーは、利用者主体の実現を目指すとともに、保険財源を維持し、質の高いサービスを公平・平等に分配・実施する役割を担う
- ケアプランに記載する項目や書式の意図を理解し、ケアプランを記載しよう

ケアマネジャーって何をする人？

3節 ケアマネジャーの定義と義務のおさらい

ケアマネジャーの法的な位置づけを再確認！

❶ ケアマネジャーの定義

　介護支援専門員（ケアマネジャー）の定義は、法第7条第5項に示されています。すなわち、要介護者等※からの相談を受け、それに応えるために連絡調整を行い、援助に関する知識と技術を駆使する者を「ケアマネジャー」と呼ぶのです。

　介護保険法は、第8条の2までが「総則」、つまり法律の総論部分です。総則とは、法律の"顔"ともいわれる部分ですが、介護保険法の総則で唯一示されている資格が「介護支援専門員」です。つまり、ケアマネジャーは、介護保険法の顔ともいえる資格なのです。

　なお、介護支援専門員証の有効期限は5年間、つまり5年ごとの更新制です。利用者の健康と安全を守るための大切な資格の更新を忘れないようにしましょう。

※　要介護者等：要介護者、要支援者、総合事業対象者を含む

図 ● 介護支援専門員の定義（法第7条第5項）

- 要介護者等からの相談に応じ、
- 要介護者等が適切な居宅サービス等を利用できるよう市町村、居宅サービス事業を行う者等との連絡調整等を行う者
- 介護支援専門員証の交付を受けたもの

ケアマネジャーとして働くために、介護支援専門員専門員証（5年間の有効期限）が必要

役割は「連絡調整等」を行うこと

❷ ケアマネジャーの義務

また、ケアマネジャーの義務については、法第69条の34に示されています（図を参照）。

ケアプランを作成するケアマネジャーは、介護保険制度の理念と財源を維持し、質の高い対人援助サービスを公平に、そして平等に分配・実施する役割を担っています。利用者の自立を支援するために、また、社会保障制度である**介護保険制度を維持・継続させる**ためにも、ケアマネジャーの責任と役割は重大といえるでしょう。

図●介護支援専門員の義務（法第69条の34等）

- 第1項　公正誠実に業務を行わなければならない　　〔自分の法人優先や好き嫌いはダメ！〕
- 第2項　介護支援専門員は、厚生労働省で定める基準に従って、介護支援専門員の業務を行わなければならない（施行規則第113条の39、運営基準第12条）
  - 要介護状態の軽減又は悪化の防止に資するよう行われるとともに、医療サービスとの連携に十分配慮して行われなければならない　〔医療連携等の知識と技術をフル活用〕
  - 自ら質の評価を行い、常にその改善を図らなければならない
- 第3項　専門的知識及び技術の水準を向上させ、資質の向上を図るよう努めなければならない　〔研修受講等で常にスキルアップを図ろう〕

まとめ

- ケアマネジャーとは、要介護者等からの相談を受け、それに応えるために連絡調整等の知識と技術を駆使する者をいう
- 介護支援専門員証の有効期限は5年ごとの更新制
- 利用者の自立を支援するためにも、介護保険制度を維持・継続させるためにも、ケアマネジャーの責任と役割は重大

> そもそもケアマネジメントって何?

4節 ケアマネジメントの定義のおさらい

ケアマネジャーの専門分野を再確認!

❶ ケアマネジメントの定義

「ケアマネジメント」という言葉は、保健・医療・福祉分野においては、年齢や性別、健康度、障がいの有無等に関わらず使用できる用語です。このため、ケアマネジメントの定義を、多くの学者・研究者・実践家たちが試みていますが、使用される分野が多岐にわたること、対象が多様であることなどから、ケアマネジメントに関する統一された定義はいまだないといわれています。

統一された定義のないケアマネジメントという言葉ですが、本書では、『ケアマネジメント』を、主に<mark>介護保険制度に基づいた支援の手法を指す言葉</mark>として使用し、1997年「新たな高齢者介護制度について」において、老人保健福祉審議会が定義した、「<mark>高齢者自身がサービスを選択することを基本に、専門家が連携して身近な地域で高齢者及びその家族を支援する仕組み</mark>」を基本として、展開します。

❷ ケアマネジメント職種は間接支援者

また、ケアマネジメントには統一された定義はないとされながらも、①<mark>生活課題(ニーズ)を有している人</mark>が対象であること ②<mark>社会資源</mark>を活用しながら、住み慣れた地域で生活が継続できるように支援すること の2点は、多くの高齢者を対象としたケアマネジメントの定義に含まれており、介護保険制度でも活用されています。

図からもわかるとおり、環境とつながるのは援助職ではなく、要援護者本人です。また、援助職が環境として本人へ直接支援するわけではありません。本人と環境がうまくつながるよう、間接的に働きかけることがケアマネジメントなのです。

つまりケアマネジャーは、利用者の有している内的・外的資源の両方に注目し、適切に活用できるよう支援する伴走者なのです。

4節 ケアマネジメントの定義のおさらい

図 ● ケアマネジメントとは

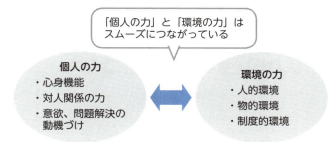

出典：介護支援専門員実務研修テキスト作成委員会『五訂介護支援専門員実務研修テキスト』長寿社会開発センター、2012年（P182）を参考に著者作成

まとめ

- 高齢者支援におけるケアマネジメントとは、生活課題（ニーズ）を有する人が、社会資源を活用しながら、住み慣れた地域で生活が継続できるように支援すること
- ケアマネジメント職種やケアマネジメント機関は、間接支援者としての役割を担う

ケアマネジメントってどんな手順？ ケアマネジメントの流れを再確認！

5節 ケアマネジメントの過程のおさらい

❶ 複数の小さな局面を円環する

　前節で確認したとおり、ケアマネジメントの定義はさまざまです。しかし、ケアマネジメントの過程（プロセス）については、"**複数の小さな局面に分かれ、円環（循環）的な過程をたどる**"とする考え方が共通認識となっています。

　サービスの利用等によって、利用者の生活と生活課題（ニーズ）は変化します。変化に対応し、望む暮らしを発見し続けるために一方だけへ向かう流れではなく、PDCAサイクルを意識した円環（循環）的な過程を踏む（同じ手順を繰り返す）必要があるのです。これにより、支援を継ぎ目なく見直し、改善することが可能となるのです。

　なお、事業所や施設などのケアマネジャーの勤務先で運営基準が異なることなどから、介護保険におけるケアマネジメントの対象なども異なります（表参照）。このため、ケアマネジメントの局面の数も異なりますので注意が必要です（次ページの図は、居宅介護支援の運営基準に従い、8つの局面に分けています）。

表 ● 介護保険におけるケアマネジメント

	居宅介護支援	施設の介護支援	介護予防支援	第1号介護予防支援	
対象	居宅要介護者	施設を利用する要介護者	予防給付を利用する居宅要支援者	予防給付を利用しない居宅要支援者	基本チェックリスト該当者
実施機関	居宅介護支援事業所	介護保険施設	介護予防支援事業所	地域包括支援センター	
運営基準	指定居宅介護支援等の事業の人員及び運営に関する基準（平成11年厚生省令第38号）	指定介護老人福祉施設の人員、設備及び運営に関する基準（平成11年厚生省令第39号）など	指定介護予防支援等の事業の人員及び運営並びに指定介護予防支援等に係る介護予防のための効果的な支援の方法に関する基準（平成18年厚生労働省令第37号）	「地域支援事業実施要項（地域支援事業の実施について（平成18年老発第0609001号））」に基づき市町村が定めた基準	

❷ ケアマネジメントにおける PDCAサイクル

ケアマネジメントにおけるPDCAサイクルとは、「Plan（計画：課題分析をもとに、ケアチームの専門性を出し合い、計画を作成する）」→「Do（実行：計画に沿ったサービス提供を行う）」→「Check（評価：計画どおりに実行されているかどうかを確認する）」→「Action（改善：予定どおりになっていない部分を調べ、対処をする）」を指します。

すなわち、"ケアマネジメント"とは、このサイクルを繰り返すことによる自立支援（本人が本人らしく生活するための支援）であり、本人自身の力を高めていく**広義の権利擁護**ともいえるものなのです。

図 ● ケアマネジメントの過程（PDCAサイクル）

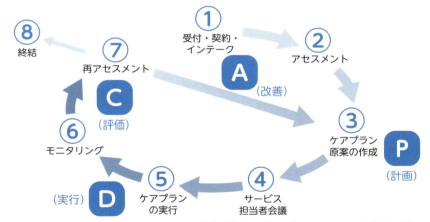

出典：NPO法人千葉県介護支援専門員協議会編、後藤佳苗著『基礎から学べる「ケアマネジメント実践力」養成ワークブック』中央法規出版、2011年（P24）を一部改変

> **まとめ**
>
> - ケアマネジメントの過程は、PDCAサイクルを回して改善に取り組むことが基本。これにより、支援を継ぎ目なく見直し、改善することが可能となる
> - 事業所や施設ごとに運営基準が異なるため、ケアマネジメント過程の局面の数なども異なるので注意しよう

何がどうなると居宅介護支援費が減算されるの？

適正な運営で報酬を確保！

6節 運営基準減算のおさらい

❶ 運営基準減算の概要

　事業所のケアマネジャーが、あらかじめ指定された運営基準を適切に実行できなかった場合、居宅介護支援費が満額支払われず減算されます。この減算を「**運営基準減算**」と呼び、減算に該当する1月目は、50％の減算で算定し、減算が継続した場合（2月目以降）は、居宅介護支援費が算定できなくなります。

　当該減算は、居宅介護支援の質の向上を図る観点から、居宅介護支援の体制や、居宅サービス計画に応じた評価を行うことを目的としており、利用者ごとに適用されます。

　サービス担当者会議についても、①**新規のケアプラン作成**、②**ケアプランの変更時**、③**更新認定時**、④**区分変更認定時**に会議を実施しない場合には、運営基準減算が適用されるため、注意するとともに、適切な取扱いが求められます。

❷ 運営基準減算の意味

　また、算定基準の解釈通知には、「当該規定を遵守しない事業所に対しては、遵守するよう指導すること。当該指導に従わない場合には、特別な事情がある場合を除き、指定の取消しを検討するもの」と厳しい表現が示されています。

　ときに、「運営基準減算を出しておけば問題はないだろう」と口にするケアマネジャーや事業所等を見かけます。しかし、当該減算は、**利用者の自立支援のための適正なサービス提供を確保するため**のものであり、減算しておけばよしとする考え方は不適切です。

　運営基準については適切に取扱うとともに、"減算しておけばよい"といった安易な考えは、利用者の自立支援を行う上でも不適切です。ケアマネジャーとして、利用者の自立支援の観点から、運営基準に則ったケアマネジメントを徹底しましょう。

6節　運営基準減算のおさらい

表● 運営基準減算に該当する内容（算定基準の解釈通知第三の6抜粋）

（1）指定居宅介護支援の提供の開始に際し、あらかじめ利用者に対して、
- 利用者は複数の指定居宅サービス事業者等を紹介するよう求めることができること
- 利用者は居宅サービス計画に位置付けた指定居宅サービス事業者等の選定理由の説明を求めることができること
- 前6月間に当該指定居宅介護支援事業所において作成された居宅サービス計画の総数のうちに訪問介護、通所介護、福祉用具貸与及び地域密着型通所介護（以下（1）において「訪問介護等」という。）がそれぞれ位置付けられた居宅サービス計画の数が占める割合及び前6月間に当該指定居宅介護支援事業所において作成された居宅サービス計画に位置付けられた訪問介護等ごとの回数のうちに同一の指定居宅サービス事業者又は指定地域密着型サービス事業者によって提供されたものが占める割合

について文書を交付して説明を行っていない場合には、契約月から当該状態が解消されるに至った月の前月まで減算する。

（2）居宅サービス計画の新規作成及びその変更に当たっては、次の場合に減算されるものであること。
① 当該事業所の介護支援専門員が、利用者の居宅を訪問し、利用者及びその家族に面接していない場合には、当該居宅サービス計画に係る月（以下「当該月」という。）から当該状態が解消されるに至った月の前月まで減算する。
② 当該事業所の介護支援専門員が、サービス担当者会議の開催等を行っていない場合（やむを得ない事情がある場合を除く。以下同じ。）には、当該月から当該状態が解消されるに至った月の前月まで減算する。
③ 当該事業所の介護支援専門員が、居宅サービス計画の原案の内容について利用者又はその家族に対して説明し、文書により利用者の同意を得た上で、居宅サービス計画を利用者及び担当者に交付していない場合には、当該月から当該状態が解消されるに至った月の前月まで減算する。

（3）次に掲げる場合においては、当該事業所の介護支援専門員が、サービス担当者会議等を行っていないときには、当該月から当該状態が解消されるに至った月の前月まで減算する。
① 居宅サービス計画を新規に作成した場合
② 要介護認定を受けている利用者が要介護更新認定を受けた場合
③ 要介護認定を受けている利用者が要介護状態区分の変更の認定を受けた場合

（4）居宅サービス計画の作成後、居宅サービス計画の実施状況の把握（以下「モニタリング」という。）に当たっては、次の場合に減算されるものであること。
① 当該事業所の介護支援専門員が1月に利用者の居宅を訪問し、利用者に面接していない場合には、特段の事情のない限り、その月から当該状態が解消されるに至った月の前月まで減算する。
② 当該事業所の介護支援専門員がモニタリングの結果を記録していない状態が1月以上継続する場合には、特段の事情のない限り、その月から当該状態が解消されるに至った月の前月まで減算する。

まとめ

- サービス担当者会議においては、①新規のケアプラン作成　②ケアプランの変更時　③更新認定時　④区分変更認定時　に実施しない場合には、運営基準減算が適用される

13

第 2 章

サービス担当者会議の基礎知識

利用者の自立支援のためには、ケアマネジャーの熱い思いと介護保険のルールの遵守を両立させる必要があります。
第2章は、サービス担当者会議の法令・通知上の定義や会議が有する機能などをまとめました。
会議がチームをつくり、チームが会議をつくる、2つの方向からのアプローチについて改めて確認していきましょう！

サービス担当者会議の「担当者」って誰？　　個人情報を適切に取扱おう！

1節　居宅介護支援における「担当者」の定義

❶「担当者」の定義

　ケアマネジャーは、ケアプラン原案を作成後、やむを得ない理由がない場合には、原則として「担当者」を召集した会議（サービス担当者会議）を開催し、ケアプランを確定しなければなりません（やむを得ない理由については、本章第6節、第7節を参照ください）。

　居宅介護支援における「担当者」とは、「ケアマネジャーが居宅サービス計画の作成のために、居宅サービス計画の原案に位置付けた指定居宅サービス等の担当者」を指します（運営基準第13条第9号）。

❷「正当な理由」として 　　会議で個人情報を取扱う

　サービス担当者会議においては、利用者の生活課題や家族の状況などの個人情報を担当者で共有します。ケアマネジャーだからといって、利用者の個人情報を自由に使う権限は有していません。

　ケアマネジャーには、法第69条の37にて、勤務中はもちろん、ケアマネジャーでなくなった後においても、秘密保持義務が課されています。

> 介護支援専門員は、正当な理由なしに、その業務に関して知り得た人の秘密を漏らしてはならない。介護支援専門員でなくなった後においても、同様とする。

　併せて、職業に従事する際にも、利用者とその家族に関する秘密保持が義務づけられています（運営基準第23条第1項）。

> 指定居宅介護支援事業所の介護支援専門員その他の従業者は、正当な理由がなく、その業務上知り得た利用者又はその家族の秘密を漏らしてはならない。

　「正当な理由」の具体例などについて、介護保険法令等には明記されていませんが、一般的には、法令に規定されていることで「正当な理由」として解釈されます。

　サービス担当者会議開催の義務や担当者の召集については、介護保険法令（運営基

準)に位置づけられているため、「正当な理由」として、利用者や家族の情報を使用したサービス担当者会議が開催できることを意識しましょう。

ときに、「参加してもらった方がいいかな…」という理由から、ケアプラン原案に位置づけていない人や団体(自治会役員、民生委員や友人など)を召集しているケアマネジャーもいるようです。しかし、ケアプラン原案に位置づけていない人を召集することは不適切な行為ですので、絶対にやめましょう。

図 ● サービス担当者会議の目的など

サービス担当者会議とは?
「担当者を召集して行う会議」

「担当者」とは?
「ケアマネジャーが居宅サービス計画の作成のために、利用者及びその家族の参加を基本としつつ、居宅サービス計画の原案に位置づけた指定居宅サービス等の担当者」

サービス担当者会議の目的は?
① 利用者の状況等に関する情報を担当者と共有すること ② 居宅サービス計画の原案の内容について、担当者から、専門的な見地からの意見を求めること

つまり…

サービス担当者会議とは、
全員が同じ目的に向かっていけるようみんなの心を一つにし、
それぞれが「覚悟」を決める場

まとめ

- サービス担当者会議とは、担当者を召集して行う会議であり、担当者とは、ケアマネジャーがケアプラン原案に位置づけた指定居宅サービス等の担当者を指す
- 適切に利用者の個人情報を取扱うために、「担当者」の意味を理解しよう

サービス担当者会議でやることは？　　サービス担当者会議の役割を押さえよう！

2節 サービス担当者会議の目的

❶ サービス担当者会議の役割

　ケアマネジャーは、効果的かつ実現可能な質の高いケアプランとするため、各サービスが共通の目標達成に向け具体的なサービスの内容として何ができるかなどについて検討するために、利用者やその家族、ケアプラン原案に位置づけた指定居宅サービス等の担当者からなるサービス担当者会議を開催します。

　サービス担当者会議の役割は、**利用者の状況等に関する情報を担当者と共有する**とともに、**ケアプラン原案の内容に、担当者から専門的な見地からの意見を求めるもの**とされています（運営基準第13条第9号）。

　ケアプランは利用者の人生設計図です。このため、サービス担当者会議は、専門職だけでケアプラン原案の内容を吟味する会議ではなく、利用者の人生の一番の専門家である利用者と、その家族の参加を基本としています。

❷ チームで目的や方向性を共有する

　異なる経営理念の事業者（法人）に所属するサービス事業所が集結して利用者を支援する居宅介護支援においては、目的や方向性を明確にしておかない場合に弊害が生じる危険性も高くなります。

　この弊害を予防し、効果的な支援を続けるためには、ケアチームの全員が共通認識のもと、同じ方向を向けているか確認する必要があります。

　ケアマネジャーは、個別の連絡調整と併せて、担当者が一堂に会して話し合うサービス担当者会議を有効活用します。会議において利用者や家族も含めたケアチーム全員がどの程度の理解を得ているのか？　共通の目標を達成するために具体的に何ができるのか？　何をすべきか？　について調整を図る役割を担うのです。

図 ● ケアマネジメントにおけるチームアプローチ

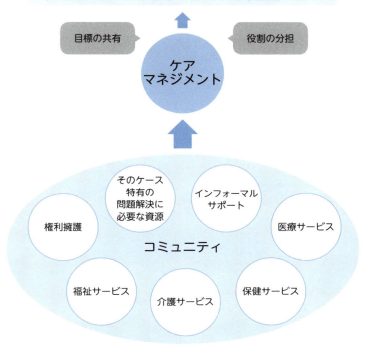

出典：介護支援専門員実務研修テキスト作成委員会編『五訂　介護支援専門員実務研修テキスト』長寿社会開発センター，2015年（P479）を一部改変

まとめ

- サービス担当者会議の役割は、
  ①利用者の状況等に関する情報を担当者と共有すること
  ②ケアプラン原案の内容に、担当者から専門的な見地からの意見を求めること
- サービス担当者会議は、ケアチームが共通の目標を達成するために具体的にどのように動き、何をするのかについて議論する会議

サービス担当者会議の定義って何？

3節 サービス担当者会議の定義

> 事業所や施設で異なる定義を押さえよう！

❶ 事業所や施設でサービス担当者会議の定義は異なる

サービス担当者会議の定義については、法令（運営基準）に示されています。

介護保険制度においては、サービス事業所や施設ごとに、運営基準とその解釈通知が異なります。このため、「担当者」や、サービス担当者会議の役割などに関する法的な定義も異なります。

表 ● サービス担当者会議の定義

	居宅介護支援	介護老人福祉施設	特定施設入居者生活介護	認知症対応型共同生活介護
担当者	ケアマネジャーが居宅サービス計画の作成のために、居宅サービス計画の原案に位置付けた指定居宅サービス等の担当者	入所者に対する指定介護福祉施設サービスの提供に当たる他の担当者	利用者又はその家族の希望、利用者について把握された解決すべき課題に基づき、他の特定施設従業者と協議の上、（略）特定施設サービス計画の原案を作成しなければならない	利用者の心身の状況、希望及びその置かれている環境を踏まえて、他の介護従業者と協議の上、（略）認知症対応型共同生活介護計画を作成しなければならない
会議の役割	利用者の状況等に関する情報を担当者と共有するとともに、ケアプランの原案の内容に、担当者から、専門的な見地からの意見を求める	施設サービス計画の原案の内容について、担当者から、専門的な見地からの意見を求める		
根拠法令【該当条項】	指定居宅介護支援等の事業の人員及び運営に関する基準（平成11年厚生省令第38号）【第13条第9号】	指定介護老人福祉施設の人員、施設及び運営に関する基準（平成11年厚生省令第39号）【第12条第6項】	指定居宅サービス等の事業の人員、設備及び運営に関する基準（平成11年厚生省令第37号）【第184条第3項】	指定地域密着型サービスの事業の人員、設備及び運営に関する基準（平成18年厚生労働省令第34号）【第98条第3項】
居宅介護支援と異なるポイント		・担当者の定義が居宅介護支援とは異なる ・会議の役割も居宅介護支援の「利用者の状況等を担当者で共有」がない	・会議に関しては、「他の特定施設従業者と協議の上」のみの位置づけ	・会議に関しては、「他の介護従業者と協議の上」のみの位置づけ

3節　サービス担当者会議の定義

❷ 適切な会議運営を！

ケアマネジャーは、勤務先の事業所種別や施設におけるサービス担当者会議の定義を運営基準で必ず確認してください。それぞれの事業所や施設におけるサービス担当者会議の意味と、ケアマネジャーの役割を理解したうえで、サービス担当者会議の適切な運営に努めましょう。

表 ● 介護支援専門員業務に関する運営基準・解釈通知対応表

		運営基準（省令）	運営基準の解釈通知
居宅介護支援		指定居宅介護支援等の事業の人員及び運営に関する基準（平成11年厚生省令第38号）	指定居宅介護支援等の事業の人員及び運営に関する基準について（平成11年老企第22号）
介護保険施設	介護老人福祉施設	指定介護老人福祉施設の人員、設備及び運営に関する基準（平成11年厚生省令第39号）	指定介護老人福祉施設の人員、設備及び運営に関する基準について（平成12年老企第43号）
	介護老人保健施設	介護老人保健施設の人員、施設及び設備並びに運営に関する基準（平成11年厚生省令第40号）	介護老人保健施設の人員、施設及び設備並びに運営に関する基準について（平成12年老企第44号）
	介護医療院	介護医療院の人員、施設及び設備並びに運営に関する基準（平成30年厚生労働省令第5号）	介護医療院の人員、施設及び設備並びに運営に関する基準について（平成30年老老発第0322第1号）
	介護療養型医療施設※	指定介護療養型医療施設の人員、設備及び運営に関する基準（平成11年厚生省令第41号）	指定介護療養型医療施設の人員、設備及び運営に関する基準について（平成12年老企第45号）
介護予防支援		指定介護予防支援等の事業の人員及び運営並びに指定介護予防支援等に係る介護予防のための効果的な支援の方法に関する基準（平成18年厚生労働省令第37号）	指定介護予防支援等の事業の人員及び運営並びに指定介護予防支援等に係る介護予防のための効果的な支援の方法に関する基準について（平成18年老振0331003・老老発0331016号）
特定施設入居者生活介護		指定居宅サービス等の事業の人員、設備及び運営に関する基準（平成11年厚生省令第37号）	指定居宅サービス等及び指定介護予防サービス等に関する基準について（平成11年老企第25号）
地域密着型サービス		指定地域密着型サービスの事業の人員、設備及び運営に関する基準（平成18年厚生労働省令第34号）	指定地域密着型サービス及び指定地域密着型介護予防サービスに関する基準について（平成18年老計0331004・老振発0331004号・老老発0331017号）

出典：後藤佳苗『法的根拠に基づく 介護事業所運営ハンドブック』中央法規出版、2015年（P9〜P10）を参考に著者作成

※　健康保険法等の一部を改正する法律（平成18年法律第83号）附則第130条の2第1項の規定によりなおその効力を有するものとされた「指定介護療養型医療施設の人員、設備及び運営に関する基準（平成11年厚生省令第41号）」及びその解釈通知を掲載

まとめ

- 事業所や施設ごとに運営基準が異なるため、「担当者」の定義やサービス担当者会議の役割などの法的な定義が異なる
- ケアマネジャーは、サービス担当者会議の適切な運営に努めよう

サービス担当者会議の運営のコツは？　　サービス担当者会議の全体像を俯瞰しよう！

4節　サービス担当者会議の運営

❶ 法定代理受領方式でサービスを受けるにはケアプランが必要

　サービス担当者会議は、保険のルールからも重要な位置づけとなっています。第1章第1節で確認した通り、介護保険のサービスを法定代理受領方式で提供するためには、原則としてケアプランが必要です（ケアプラン原案の状態では、通常のサービス利用はできません。通常のサービス利用の手続きとするためには、ケアプランが必要になるのです）。

　サービス担当者会議とは、利用者とケアマネジャーが協働で作成したケアプラン原案を、より適切で現状に即したケアプランへとブラッシュアップさせる（さらに磨き上げる）過程です。つまり、サービス担当者会議で練り上げたケアプランがあるから、通常のサービスを利用する手順（利用者にとってより利便性の高い方法）である法定代理受領方式でサービスを使えるようになるのです。

❷ 多角的な視点から利用者を支援する

　ケアマネジャーは、効果的かつ実現可能なケアプランとするため、サービス担当者会議を主宰し、ケアチームが有効に機能するよう調整します。理念の違う事業者かつ、受けてきた教育の異なる専門職がチームとなる居宅介護支援においては、それぞれの事情や言い分が発生するからです。

　しかし、事情や言い分が異なることはマイナス面ばかりではありません。違う理念や知識、経験等を有する者たちが協働で同じ目的に向かって進むからこそ、**利用者の多様なニーズを把握し**、**事故を防ぎながら適切な支援を提供する**ことができるともいえます。

　サービス担当者会議は、ケアマネジメント（権利擁護）、コンプライアンス（法令遵守）、リスクマネジメント（事故予防）の3つの視点について、多角的に確認できる場でもあるのです。

図 ● 利用者支援に必要な3つの視点

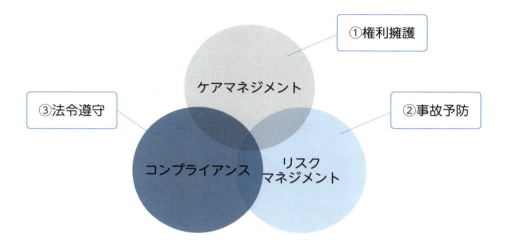

①ケアマネジメント（権利擁護）
　利用者の権利を擁護することであり、専門職の役割そのものでもあります。専門職として研鑽(けんさん)を続けるべき能力です。
②リスクマネジメント（事故予防）
　利用者の安全を守るため事故を予防することです。事業者や専門職としての道義的責任（道徳）ともいえるものです。
③コンプライアンス（法令遵守）
　〝ルールだから守る〟とする狭い意味での遵守ではなく、法令等を積極的に使いこなし活用することを含みます。

> **まとめ**
>
> ● サービス担当者会議は、介護保険のルールに則って利用者が適切なサービスを利用するためにも重要
> ● サービス担当者会議は、ケアマネジメント（権利擁護）、リスクマネジメント（事故予防）、コンプライアンス（法令遵守）の3つの視点から、多角的に確認する場

開催時期の決まりはあるの？

5節　サービス担当者会議の開催時期

> 法令に規定されている開催時期を再確認！

❶ 会議開催の法令上の規定

　サービス担当者会議は、運営基準（省令）において次の場合に開催することが義務とされています。

> ①ケアプランの**新規作成時**と**変更時**（運営基準第13条第9号・第16号）
> ②**更新認定**もしくは**状態区分の変更認定**を受けた場合（同第15号）
> ③**福祉用具貸与**をケアプランに位置づける場合に必要に応じて随時（同第22号）

　つまり、利用者の自立支援に資するため、認定などの節目の時期に加え、不適切な利用が自立を阻害する要因となる福祉用具についても開催の規定がされているのです。

　このうち、①と②については、やむを得ない理由なく、サービス担当者会議を開催しなかった場合には、算定基準や定める基準の規定により、運営基準減算が適用されます。開催義務が示されている時期に、"うっかり"開催を忘れたなどということのないように特に注意が必要です。

❷ ケアマネジャーとして適切な開催を

　なお、運営基準は事業所運営に関する最低限の取り決めをまとめたものですから、サービス担当者会議の開催についても、**最低限の開催ルール**を規定したものといえます。このため、「運営基準に示されているタイミング（ケアプランの新規作成・変更、更新認定、区分変更認定等）以外では、サービス担当者会議の開催をする必要はない」という意味ではありません。サービス担当者会議は、利用者や家族の生活に変化が生じたとき、サービス事業所の状況などにあわせ、臨時的な開催が必要になることも多いものです。

　ケアマネジャーは、モニタリングや再アセスメントの結果、サービス担当者会議開催の必要性を判断したうえで会議を開催するなど適切に運営しましょう。

図 ● 運営基準減算を回避しよう！　サービス担当者会議におけるチェックシート

- □ □　事業所のケアマネジャーが担当している
- □ □　ケアプランの<u>新規作成の際</u>に実施している
- □ □　ケアプランの<u>変更の際</u>に実施している
- □ □　<u>要介護認定の更新時</u>に実施している
- □ □　<u>要介護状態区分の変更認定時</u>に実施している
- □ □　「<u>担当者</u>」を招集している
- □ □　担当者への照会を適切に実施し、その内容を記録している
- □ □　開催できなかった場合には、「<u>やむを得ない理由</u>」がわかる
- □ □　「やむを得ない理由」が、サービス事業所側の理由だとわかる（ケアマネジャーや利用者・家族の都合でないことがわかる）

1つ目（左側）の□：利用者が該当する場合にチェック
2つ目（右側）の□：クリアできた場合にチェック

まとめ

- サービス担当者会議の開催が義務とされている時期は、①ケアプランの新規作成時と変更時　②更新認定もしくは認定区分の変更認定を受けた場合　③福祉用具貸与をケアプランに位置づける場合　に必要に応じて随時
- ケアマネジャーは、モニタリングや再アセスメントの結果をふまえ、サービス担当者会議開催の必要性を判断したうえで適切な会議運営を行おう

照会で対応可能な「やむを得ない理由」とは？

「やむを得ない理由」を再確認！

6節　「やむを得ない理由」

❶ 照会とできる「やむを得ない理由」

　サービス担当者会議を開催せずに、担当者への照会で対応することが可能とされている「**やむを得ない理由**がある場合」については、解釈通知第二の3（7）⑨にて、具体的に示されており、該当部分を抜粋すると以下のとおりです。

> なお、ここでいうやむを得ない理由がある場合とは、利用者（末期の悪性腫瘍の患者に限る。）の心身の状況等により、主治の医師又は歯科医師（以下「主治の医師等」という。）の意見を勘案して必要と認める場合のほか、開催の日程調整を行ったが、サービス担当者の事由により、サービス担当者会議への参加が得られなかった場合、居宅サービス計画の変更であって、利用者の状態に大きな変化が見られない等における軽微な変更の場合等が想定される。

　つまり、「やむを得ない理由がある場合」とは、「末期の悪性腫瘍の利用者の心身の状況等により、主治の医師等の意見を勘案して必要と認める場合」「開催の日程調整を行ったが、サービス担当者の事由により、サービス担当者会議への参加が得られなかった場合」や「居宅サービス計画の変更であって、利用者の状態に大きな変化が見られない等における軽微な変更の場合」等です。

　担当者と情報を共有し、担当者から専門的見地から意見を求めるサービス担当者会議における「やむを得ない理由」には、**利用者の都合や事情は含まれていません**。

　利用者や家族が参加を拒否する、自宅開催を了承してくれないなどで、利用者や家族の参加が得られない場合にも、担当者との情報共有、ケアプラン原案への担当者からの専門的意見の聴取などは必要なのです。

　また、サービス事業者側の理由だったとしても、開催の日程調整の結果、調整できなかった場合が「やむを得ない理由」となりますので、最初から**照会ありきの照会**（最初から開催しないつもりで担当者へ照会することなど）は不適切といえるでしょう。

❷ 日ごろからの情報共有を

ケアマネジャーは、「やむを得ない理由」がある場合にサービス担当者会議が開催できなかった際にも、緊密に相互の情報交換を行うことにより、利用者の状況等についての情報や居宅サービス計画原案の内容を共有できるようにする必要があることは言うまでもありません。

やむを得ない理由がある場合にこそ、利用者と利用者を取り巻く周囲の状況にあわせた、**適切なケアマネジメントを提供する**ことが求められているのです。

表 ● それ、やむを得ない理由ではありません

「やむを得ない理由」にあたると考えがちな不適切な例	「やむを得ない理由」と認められなかった理由
担当者が多く、日程調整をしても会議の日程が決まらないから、最初から照会したほうが早い	照会ありきの照会はケアマネジャーの理由となるため、やむを得ない理由にならない
利用者がサービス担当者会議の開催を強く拒否する	利用者の理由はやむを得ない理由とならない 利用者が拒否する理由も含めて、利用者が参加しない場合でも担当者が一堂に会して議論すべきだから
自宅でのサービス担当者会議の開催を家族が拒否する	サービス担当者会議は、自宅以外の場所での開催も可能だから

出典：後藤佳苗『駆け出しケアマネジャーのためのお仕事マニュアル』秀和システム、2012年（P91）を一部改変

まとめ

- 「やむを得ない理由」については、次のような場合が示されている
  - 「末期の悪性腫瘍の利用者で、主治の医師等が必要と認める場合」
  - 「開催の日程調整を行ったが、サービス担当者の事由で参加が得られなかった場合」
  - 「居宅サービス計画の変更で、利用者の状態に大きな変化が見られない等における軽微な変更の場合」
- ケアマネジャーは、「やむを得ない理由」がある場合にこそ、適切なケアマネジメントを提供するよう努めよう

「やむを得ない理由」はみな同じか？

介護と予防で「やむを得ない理由」は異なる！

7節　「やむを得ない理由」の違い

❶「やむを得ない理由」の取扱いの違い

　要介護者への居宅介護支援、要支援者の介護予防支援ともに、「やむを得ない理由がある場合については、担当者に対する照会等により意見を求めることができるものとする」という同一の文言が運営基準・予防基準で示されています。

　しかし、居宅介護支援と介護予防支援の解釈通知では、「やむを得ない理由」の取扱いが異なっています。

　居宅介護支援の解釈通知には、前節で確認したとおり、やむを得ない理由に該当する場合が具体的に示されています。一方、介護予防支援の解釈通知には、「サービス担当者会議を<u>必ず開催</u>することが必要」としたうえで、「サービス担当者会議に<u>参加できない者について</u>は、照会等により専門的見地からの意見を求めれば差し支えない」としています（予防の解釈通知第二の４（１）⑨）。

> 　担当職員は、（略）利用者や家族、介護予防サービス計画原案作成者、介護予防サービス計画原案に位置付けた指定介護予防サービスの担当者、主治医、インフォーマルサービス担当者等からなる<u>サービス担当者会議を必ず開催することが必要である</u>。また、これらの各サービスの担当者でサービス担当者会議に参加できない者については、<u>照会等により専門的見地からの意見を求めれば差し支えないこと</u>とされているが、この場合にも、緊密に相互の情報交換を行うことにより、利用者の状況等についての情報や介護予防サービス計画原案の内容を共有できるようにする必要がある。
>
> （略）

　つまり、介護予防支援における「やむを得ない理由」は、居宅介護支援のサービス担当者会議を開催できないやむを得ない理由と同一ではありません。介護予防支援では、サービス担当者会議の開催は義務で、会議に参加できない担当者がいる場合に照会等で意見を求めることを「やむを得ない理由」としていることに注意が必要です。

❷ 末期の悪性腫瘍の利用者への対応が追加

また、前節でも確認したとおり、2018年4月から居宅介護支援では、末期の悪性腫瘍の利用者で、主治の医師等の意見を勘案して必要と認める場合（主治の医師等が日常生活上の障害が1か月以内に出現すると判断した時点以降において、主治の医師等の助言を得たうえで、介護支援専門員がサービス担当者に対する照会等により意見を求めることが必要と判断した場合）についても、担当者への照会で対応することが可能とされました。

図 ● 2018年省令改正

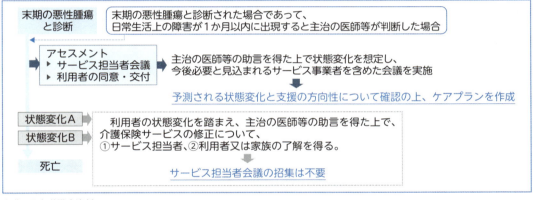

出典：厚生労働省資料

まとめ

- 居宅介護支援と介護予防支援の「やむを得ない理由」の取扱いの違いに注意しよう
- 居宅介護支援については、2018年4月から主治の医師等の意見を勘案した末期の悪性腫瘍の利用者についても「やむを得ない理由」として取扱うことになった

サービス担当者会議の機能とは？

> サービス担当者会議が有する機能を再確認！

8節 サービス担当者会議の機能

❶ サービス担当者会議の7つの機能

「機能」とは、本来備えている性質や働き、設定された目的を達成するため個々の部分が果たしている固有の役割や要件という意味です。

ここからは、サービス担当者会議の**機能**、すなわちサービス担当者会議が本来備えている**性質や働き**、**固有の役割**という点から、確認を進めます。

サービス担当者会議の主な機能は、①合意形成機能　②ケアチーム結成機能　③サービスの調整機能　④利用者や家族（以

表 ● サービス担当者会議の機能と内容

	機能	具体的な内容
1	合意形成機能	皆で同意した内容を合意（各自が実行に移す）する。ケアプランが全員のケアプランになる
2	ケアチーム結成機能	所属がバラバラな担当者の方向性を統一し、利用者と家族を含めた一つのチームとして作り上げる
3	サービスの調整機能	一堂に会するため、担当者間の認識のズレが少ない。効率的、効果的なサービス提供ができるよう調整を行う
4	利用者等への教育機能	会議中の助言（教育）だけではなく、専門職同士のやり取りを観察することなどをとおし、介護保険の役割、利用者が主体であることなどの理解を深める
5	利用者等の支援機能	利用者等の生活を皆が見守っていることを実感してもらい、安心して生活を送れるよう支援する
6	生活の確認・評価機能	現状の生活を維持するためのサービスを確認、評価すると同時に、在宅生活の限界点の見極めなども行う
7	ケアマネジャーや担当者の支持・評価機能	お互いの役割を理解することで、支持的な機能が成熟する。また、利用者への支援の適正化などの評価ができる

出典：『介護支援専門員実務研修テキスト―新カリキュラム対応―』公益社団法人東京都福祉保健財団、2016年を参考に著者作成

下、利用者等）への教育機能　⑤利用者等の支持機能　⑥生活の確認・評価機能（在宅生活の限界点の評価など）　⑦ケアマネジャーや担当者の支援・評価機能　などが挙げられます。

❷ 会議により支援の全体像を把握する

個々のサービス事業所は、利用者とマンツーマンで関わる時間が多いことなどもあり、その機関と利用者等との個別の関係のなかだけで、援助を提供する傾向があります。このことが、利用者の状態に沿った介護（支援）の提供につながることも多いのですが、<u>全体を俯瞰（ふかん）</u>しないまま個別の援助関係だけでの支援の提供は、事故を誘発したり、不必要な支援をすることになったりするなど利用者等のデメリットとなる可能性もあります。

このため、アセスメント内容や援助目標を共有し、目標に向けた役割分担を行う調整役が必要になり、この調整役を担うのがケアマネジャーです。ケアマネジャーは、出席者からの発言を促し、それぞれの意見、見立て（解釈）、予後予測を確認しながら、ケアプラン原案を修正していきます。

また、サービス担当者会議には利用者等が参加し、そこで共有されようとしている目標と役割分担について意見を述べてもらいます。そうした利用者側の「希望」や「意向」を直接確認し、その内容をケアプランや個別サービス計画に反映していくことで、参加者が支援全体を俯瞰すると同時に、利用者が<u>ケアプランの主役</u>、<u>サービス利用の主役</u>として位置づけられていくのです。

> **まとめ**
>
> ● サービス担当者会議の主な機能（サービス担当者会議が本来備えている性質や働き、固有の役割）は、①合意形成機能　②ケアチーム結成機能　③サービスの調整機能　④利用者等への教育機能　⑤利用者等の支持機能　⑥生活の確認・評価機能（在宅生活の限界点の評価など）　⑦ケアマネジャーや担当者の支援・評価機能　などがある

サービス担当者会議でやることは？

9節 会議でケアチームをつくる

一堂に会して議論する効果を再確認！

❶ 日ごろの連絡調整と会議の違い

ケアマネジャーと担当者は、日ごろから密なコミュニケーションをとっている場合が多く、「日ごろから連絡調整をしているのに、なんで会議を開催する必要があるのか？」という趣旨のご質問を受けることもあります。

日ごろの連絡調整は、ケアマネジャー対担当者（1対1）の形式がほとんどだと思います。1対1のコミュニケーションは、お互いを理解したり、急ぎの連絡調整をしたりする際のやり取りには適しています。

しかし、担当者が一堂に会する場であるサービス担当者会議では、会議中の他者の発言や行動を観察しあうことも可能です。相手の表情や言動を客観的に観察することにより、真のニーズや言い出しにくい思いなども把握することができます。これは、会議だからこそできることで、1対1のやり取りではできないことです。

図 ● サービス担当者会議中に他者のやり取りを客観的に観察することが可能

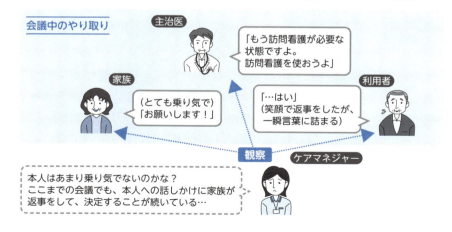

❷ 会議はケアチームの心を一つにする場

　サービス担当者会議には、利用者や家族の生活の全体像の共通理解や生活課題の共有に基づいて、①利用者及び家族　②サービス事業所等の担当者　③ケアマネジャーの三者が、**役割を分担しながら相互理解を図り**、ケアプランどおりに支援が進められるよう、**チームワークを深める**ことができるという利点もあります。

　そして、参加した利用者が、専門職に任せておけば安心と感じるとともに、「自分の人生は自分で決める。専門職はその手助けをしてくれる役割」と感じられるよう、サービス担当者会議を運営することがケアマネジャーに求められているのです。

　つまり、サービス担当者会議は、**全員が同じ目的に向かっていけるようみんなの心を一つ**にし、それぞれが「**覚悟**」を決める場でもあるのです。

図 ● 会議がケアチームの心を一つにする

訪問介護
私たちの役割は〇〇の部分ね

通所介護
△△という状況に持っていけるよう、事業所一丸となって取り組まないと

家族
よかった。専門家の言うことなら、おじいさんも守ってくれそうだわ

主治医
治療に必要な生活の情報がたくさんもらえて、ありがたい

訪問看護
□□の危険性もあるな。利用者を不安にさせないよう、あとでケアマネジャーと打ち合わせないと

利用者
頼りになる人が多くてありがたい。でも、自分の計画だからな。自分ももっと頑張らないと…

まとめ

- サービス担当者会議とは、全員が同じ目的に向かっていけるようみんなの心を一つにし、それぞれが「覚悟」を決める場

ケアマネジャーの会議での役割は？　　　ケアマネジャーの主な役割を再確認！

10節　会議におけるケアマネジャーの役割

❶ ケアマネジャーに求められる3つの役割

　サービス担当者会議は、話し合いによる利用者や家族の生活の全体像の共通理解や生活課題の共有化に基づいて、①利用者及び家族　②サービス事業所の担当者　③ケアマネジャー　の三者が、役割を分担しながら相互理解を図り（深め）、ケアプランどおりに支援が進められるよう、**チームワークを深めるための会議**であることを前節で確認しました。このサービス担当者会議において、①司会進行（調整）　②利用者の代弁　③リスク管理　の3つがケアマネジャーの主な役割といえるでしょう。

❷ 3つの役割の詳細理解

　①**司会進行（調整）**とは、会議開催前の連絡、会議中の時間管理、事後の報告等も含めたものです。ケアマネジャーが、会議中はもちろん、会議前後の調整までを丁寧に行うことが、担当者間の誤解や不要なトラブルを防ぐことにもつながります。

　②**利用者の代弁**とは、利用者が主体的に会議に参加できるよう促し、利用者を擁護することです。専門職の中で自分の言葉で自分のことを語れる利用者ばかりではありません。主体的に会議に参加してもらえるよう利用者の心身のサポートを行い、利用者の行動変容に向けた働きかけ（意欲の継続に向けた支援）を行います。

　③**リスク管理**では、顕在化しているリスクに対応をするだけではなく、潜在化しているリスクを顕在化させていくことも重要です。併せてサービス担当者会議にて、利用者を含めた担当者等が自身の役割を理解し、モニタリング機能が充実できるよう働きかけます。利用者の今までの生活に、サービスが加わることにより何らかの変化が出てくるはずです。会議後に、担当者が把握した変化をケアマネジャーにも連絡してもらい、お互いに情報交換等ができるよう努めます。

表 ● ケアマネジャーの主な3つの役割

役割	具体的な内容		
	事前	会議当日	事後
①司会進行（調整）	会議開催前の連絡により、会議前の担当者の準備を整える	会議の司会進行（時間管理を含む）を行う	事後の報告等を行い、誤解などがないか確認する
②利用者の代弁	心身機能等に合わせ、会議前の利用者の準備を整える	会議中に利用者のサポート（代弁を含む）を行う	利用者の行動変容に向け働きかける（特に意欲の継続に向けた支援をする）
③リスク管理	利用者の生活状況を把握し、顕在的・潜在的両面からリスクを見つける	利用者や担当者が、自身の役割を理解してもらえるよう働きかける	モニタリング機能が充実できるよう働きかけ、密に連絡を取り合う

役割は会議当日だけじゃないんだ…

気も、手も抜けないね

私はリスク管理が不十分だったかも…

まとめ

- サービス担当者会議におけるケアマネジャーの役割は、①司会進行（調整） ②利用者の代弁 ③リスク管理 の3つといえる
- 事前準備、当日、事後報告まで手を抜かずに役割を担いたい

コ ラ ム

軽微な変更

　ケアマネジャーが、ケアプランを変更する際には、原則として運営基準第13条第3号から第12号までに規定された居宅サービス計画作成に当たっての一連の業務を行うことが必要です。

　しかし、利用者の希望による軽微な変更（例えばサービス提供日時の変更等で、ケアマネジャーが運営基準第13条第3号から第12号までに掲げる一連の業務を行う必要性がないと判断したもの）を行う場合には、この必要はありません。

　ただし、この場合においても、ケアマネジャーが、利用者の解決すべき課題の変化に留意することが重要であることは、同条第13号にも規定されていますので、注意が必要です。

　軽微な変更に関する内容については、見直し通知（巻末資料P133～P135）も確認してください。見直し通知を確認していただければわかるとおり、「○○な状況に該当すればすべてが軽微な変更となる」とは、されていません。いずれの状況であっても、"いま、ここで""そのとき、その利用者にとって"運営基準第13条第3号から第12号までに掲げる一連の業務を行う必要性がないと、ケアマネジャーが判断したことがわかるよう記録を残すことが必要になるのです。

　サービス担当者会議は、運営基準第13条第9号に定められた業務なので、軽微な変更の場合には開催が義務ではなくなるということです。適切な取扱いをしていることが記録から読み取れるよう、意識しましょう。

第 3 章

サービス担当者会議の事前準備

第3章では、サービス担当者会議の開催に必要な"準備"を確認します。
ケアマネジャーは、担当者が参加しやすいようこころを配りながら、準備段階から利用者を支援する役割を担います。
ケアチームづくりを円滑にするためにも準備は重要です。実践を振り返りながら、参加者への促しの方法や工夫などについて、再確認をしてみましょう!

適切な個人情報の取扱いとは？

1節　個人情報保護 利用者と家族の同意

> 事前に利用者と家族の包括的な同意が必要！

❶ 利用者と家族それぞれから包括的に同意を得る

　ケアマネジャーは、業務上知り得た利用者や家族の情報を、勤務期間中はもちろん、就業をしなくなってからも<mark>正当な理由なく</mark>漏らしてはなりません。

　また、ケアマネジメントに必要だから…、ケアマネジャーだから…、といって、利用者等の個人情報を自由に使う権限を有しているわけではありません。サービス担当者会議で利用者の個人情報を利用する場合には利用者の同意を、利用者家族の個人情報を使用する場合には当該家族の同意を、あらかじめ文書により得ておく必要があるのです（運営基準第23条第3項）。

　なお、この同意については、解釈通知にて、指定居宅介護支援事業者が、指定居宅介護支援開始時に、利用者及びその家族の代表から、連携するサービス担当者間で個人情報を用いることについて<mark>包括的に同意</mark>を得ることで足りるとされています（サービス担当者会議の議題は毎回異なりますが、現行のルールでは、会議の都度の文書の同意までは求められていません）。

まとめ

- ケアマネジャーは、業務上知り得た利用者や家族の情報を、正当な理由なく漏らしてはならない
- サービス担当者会議で利用者の個人情報を利用する場合には利用者の同意を、利用者家族の個人情報を使用する場合には当該家族の同意を、あらかじめ文書により得ておく必要がある

表 ● 個人情報使用同意書の見本例

個人情報使用同意書

私（利用者）及びその家族の個人情報については、下記のとおり必要最小限の範囲で使用することに同意します。

記

1. 使用する目的
   - （1）居宅サービス計画に沿って円滑にサービスを提供するために実施されるサービス担当者会議及び担当者等との連絡調整等において必要な場合
   - （2）介護保険施設に入所することに伴う必要最小限度の情報の提供
   - （3）事故発生時における行政機関等への報告等に使用する場合
   - （4）法定研修等の実習生の受入れに使用する場合
   - （5）その他、介護保険法令に定められた連絡調整を行うに際して必要な場合

2. **使用する者の範囲**：提供を受けるすべての担当者等で、1．の目的にかかわる者（以下、「関係者」とします）

3. **使用する期間** ：契約書で定める期間

4. **使用する条件**：
   - （1）個人情報の使用は、1．に記載する目的の範囲内で必要最小限に留めるものとし、提供にあたっては関係者以外の者に漏れることのないよう細心の注意を払うこと
   - （2）個人情報を使用した会議においては、出席者、議事内容等を記録しておくこと

5. 取扱い責任者：〇〇居宅介護支援事業所　管理者

以上

〇〇居宅介護支援事業所　殿

平成　年　月　日

＜利用者＞
　　住所
　　氏名　　　　　　　　　　　　印

＜家族の代表＞
　　住所
　　氏名　　　　　　　　　　　　印

利用者は、心身の状況等により署名ができないため、利用者本人の意思を確認のうえ、私が利用者に代わって、その署名を代筆しました。
　　＜署名代筆者＞
　　　　住所（**所属・職等**）
　　　　氏名（続柄）　　　　　　　　　　（　　　　）

※参考として提示します。地域の実情に応じて活用ください

事業所への事前連絡のコツは？　　　　　事業所への事前連絡を
有効に活用しよう！

2節　事業所への連絡

❶ 忙しいのはケアマネジャーだけではない

　多忙を極めるケアマネジャーだからこそ、**しっかりと準備**をして会議に臨みましょう。また、忙しいのはケアマネジャーだけではありません。予定を調整してくれるサービス事業所はもちろん、利用者や家族も貴重な時間を割いて参加していることを忘れてはなりません。

　非効率的な議論を回避するためにも、参加者に必要な準備を整えてもらえるよう、事前の連絡シートなどを上手に活用しましょう。

❷ 日程調整をするときのコツ

　日程調整の際は、あらかじめ3～5日程度の候補日時を提案し、全員が参加可能な日程を選択します。全員が揃う日程で調整ができない場合には、会議の主たる論点に欠かせない人の日程を最優先します。

　全員の出席が困難な場合に、優先的に選定する事業者の例として、生活課題（ニーズ）の優先順位に対応したサービスを提供する事業者、サービス提供回数や量の多い事業所、利用者の健康状態と対応策の検討に必要な職種、などが考えられます。

まとめ

- 準備を万全にして会議に臨むためにも、事業者等への連絡は、事前の連絡シート（開催案内や概要など）を使い、参加に必要な準備を整えてもらえるよう工夫しよう

表 ● 記載見本：日程調整のお願い

20XX年 7月8日

サービス担当者会議　日程調整のお願い

送信先（返信時には送信元）	送信元（返信時の送信先）
A診療所　A先生	Dケアプランセンター
B訪問看護ステーション　管理者様	ケアマネジャー　第一法子
Cデイケア　担当理学療法士様	電話：03-3◎◎◎-2001
E福祉用具事業所　専門相談員様	FAX：03-3◎◎◎-2002

（返信の際にはご自分の左枠に○をお願いします）

平素より大変お世話になっております。
　千葉◎子様の介護認定更新にあたり、サービス担当者会議の日程調整をお願いしたく、連絡させていただきます。

1．開催日時の候補

	20XX年7月20日（水）	14:00～15:00
	20XX年7月21日（木）	11:00～12:00
	20XX年7月21日（木）	16:00～17:00
	20XX年7月22日（金）	11:00～12:00

ご都合のつく日の左枠内に○をつけていただき、7月15日までに本書のご返信をお願いします。

2．開催場所：千葉◎子様　ご自宅

> 参加者に決定した日程を連絡するのではなく、複数の日程の中から選択をお願いすることにより、丁寧な出席依頼という印象が強くなります。主たる議論に即した参加者ができるだけ参加可能な日を選択します。
> 日程調整は、開催の2週間くらい前から行うとよいでしょう。あまり早すぎるとほかの予定が入ってしまう可能性があり、遅すぎると迷惑をかける可能性があります

表●記載見本：会議開催のご案内

20XX年　7月14日

サービス担当者会議開催のご案内

送信先（返信時には送信元）	送信元（返信時の送信先）
A診療所　A先生	Dケアプランセンター ケアマネジャー　第一法子 電話：03-3◎◎◎-2001 FAX：03-3◎◎◎-2002
B訪問看護ステーション　管理者様	
Cデイケア　担当理学療法士様	
E福祉用具事業所　専門相談員様	

（返信の際にはご自分の左枠に○をお願いします）

　平素より大変お世話になっております。千葉◎子様のサービス担当者会議を下記の通り開催いたしますので、ご案内いたします。
　お忙しいところ恐縮ですが、ご出席を賜りますようお願いいたします。

記

1．開催日時：　　20XX年7月21日（木）16:00～17:00
2．開催場所：　　千葉◎子様　ご自宅

ご出席　・　ご欠席

いずれかに○をお願いします

3．検討事項（予定）
　① 要介護度変更に伴うケアプラン原案の見直し
　② 住宅改修の必要性の検討
　③ その他（当日検討を要する事項がある場合は、お知らせ願います）

4．出席予定者
　千葉○子様　　A診療所（A先生）　B訪問看護ステーション（Z看護師）
　Cデイケア（X理学療法士）　　E福祉用具事業所（Y専門相談員）

以上

お忙しいところ大変恐縮ですが、会議準備の関係上、**7月18日（月）**までに本状のご返信をお願います。

2節 事業所への連絡

表 ● 記載見本：会議の概要

サービス担当者会議　概要（レジュメ）

日時	20XX年7月21日（木）16:00～17:00
場所	千葉〇子様　ご自宅
出席者	本人（千葉〇子様）　夫（千葉●男様）　主治医A医師（A診療所） Z看護師（B訪問看護ステーション）　X理学療法士（Cデイケア） Y専門相談員（E福祉用具事業所）　第一法子（D居宅ケアマネ）
議題	①　要介護度変更に伴うケアプラン原案の見直し ・健康状態と今後の治療方針、生活上の留意事項等について 　　　　　　　　　　　　　　　　　　（ニーズ案の1） ・生活機能の向上に必要なリハビリについて（ニーズ案の2） ・飲みこみの悪化を防ぐ方法について（ニーズ案の3） ②　住宅改修の必要性の検討
その他 次回開催 予定など	

［お願い］本書面は当日もご持参ください

> 会議の概要を先にお伝えすることにより、参加者が会議に対する準備を整えることができます。
> 事前にイメージをしてもらうだけではなく、当時持参いただき、メモとして活用をしてもらいます

旧第5表ってどんな書式？

欠席者への
照会内容を明確に！

3節　欠席者への照会　旧第5表の活用

❶ 欠席者も担当者であることを忘れない

　日程的な制約もあり、サービス担当者会議に出席できない担当者が出ることもあります。急な体調不良の利用者が重なった、認定更新となる利用者が多い、事業所の職員の休暇や異動のある時期、などの事情でサービス担当者会議の調整がきわめて難しい場合もあります。

　ケアマネジャーとしては、欠席者も含めた担当者全員の意見を集約する会議がサービス担当者会議であることを忘れてはなりません。欠席予定の担当者には事前に意見を照会し、会議内でケアマネジャーから伝え、みなの同意を得ましょう。

❷ 欠席者への照会の工夫

　会議当日に欠席者の思いを正しく伝達するためにも、照会の際に使用すると便利な帳票が、「旧第5表（サービス担当者に対する照会（依頼）内容）」です。

　旧第5表は、介護保険制度開始当初は標準様式として示されており、サービス担当者会議が開催できない場合や、サービス担当者会議に参加ができない担当者がいる場合の照会用の帳票として広く使用されていました。しかし、現在は標準様式から外されたため、旧第5表を使用するかどうかについては、事業所等に任されています（このため、使用している事業所等と使用していない事業所等に分かれています）。

　なお、照会の際には、「何かお気づきの点があればご教示ください」などの漠然とした質問だけではなく、「入浴サービスを利用する場合の留意点」や「朝方に熱が出ることをサービス担当者も不安に感じています。ご指示・ご助言をお願いします」など、具体的な表現でお願いすると、行き違いを防げることと併せて何度も確認する手間や負担も減らせます。

3節 欠席者への照会　旧第5表の活用

表●旧第5表（サービス担当者に対する照会（依頼）内容）

旧第5表 （参考書式）		サービス担当者に対する照会（依頼）内容		サービス担当者に対する照会文書	
利用者名　千葉〇子様			居宅サービス計画作成者（照会者）名　第一法子 居宅介護支援事業所　Aケアプランセンター		
サービス担当者会議に 出席できない理由		急きょ、診療の予定が入ったため			
照会（依頼）先	照会（依頼）年月日	照会（依頼）内容	回答者氏名	回答年月日	回答内容
A診療所 A先生	20XX年 7月19日	現在の疾病状況と生活上及びサービス利用にあたっての留意点について、ご助言をお願いします	A診療所　A	20XX年 7月20日	内服アドヒアランス（本人による内服管理）も良好で、状態は安定していますので、日常生活やサービス提供に関する制限は不要です。 ただし、転倒と誤嚥の危険性は依然残っているため、下肢筋力及び嚥下のリハビリテーションを継続してください。

- □ サービス担当者会議が開催できない場合又は会議に出席できない場合にはこの用紙を使用する
- □ 照会先・担当者氏名・具体的な照会内容を記載しておく
- □ サービス担当者会議を開けない理由や、欠席の理由は明記しておく
- □ この用紙は1回の照会に1枚使用する
- □ 回答が得られない場合も、照会の記録として残しておく
- □ 照会された内容は、サービス担当者会議で検討する際に情報として共有する
- □ プライバシーが漏洩しないよう厳重に配慮する
- □ 日常的なサービス担当者との連携は、支援経過に記載しこの用紙とは区別する

まとめ

- 欠席者も含めた担当者すべての意見の集約が求められる
- 欠席者の思いを正しく伝達するために、旧第5表を活用するなど具体的な照会を心掛けたい

どの程度まで資料を準備する？

配布資料を
まずまとめよう！

4節　資料を準備する

❶ 配布資料を準備しよう

　利用者の状況等を担当者と共有し、ケアプラン原案に担当者より専門的見地から意見をもらう会議が、サービス担当者会議ですから、会議当日に必ず使う資料は、ケアプラン原案（第1表〜第3表）です。

　利用者の意向や総合的な援助の方針を載せる第1表、ニーズや目標が記載された第2表は必ず必要ですし、日程が調整できそうならある程度記載した第3表を、日程を会議で決定するのでしたら空白の第3表を用意します。特に、初回のサービス利用の場合には、空白の第3表に話し合いながら記載していくと、ケアチームの連帯感が高まります。

　ケアプラン原案は事前に配布をしておき、当日までに目を通してもらっておきましょう。こうすることで自分以外のサービスの役割等がわかるので、会議当日の進行がスムーズになります。

❷ 参加者への配慮を忘れずに

　会議前に実施する具体的な準備は以下のとおりです。

> **1）個人情報保護の確認と日程調整**
> ①本人と家族から個人情報の使用に関する同意を包括的に得ておく（個人情報使用同意書などの確認）
> ②参加予定者をケアプラン原案に位置づける（担当者にする）
> ③開催目的に合わせたメンバー構成となるよう、日程を調整する
>
> **2）必要な書類の準備**
> ①配布資料
> 　a）ケアプラン原案　第1表〜第3表（参加人数分＋α）
> 　b）アセスメントシート（必要時に事業者に配布。原則として利用者・家族には配布しない）
> ②ケアマネジャーの手持ち資料
> 　a）介護保険被保険者証の写し

b）介護認定情報や主治医の意見書
c）欠席者への事前照会内容
d）アセスメントシートや課題整理総括表（事業者に配布しない場合は手持ち資料とする）

3）議題や検討すべき内容の再整理

会議当日になって慌てないよう、会議で使う資料などについても、少しゆとりをもって準備を始め、参加者の不測の事態に備え、当日の持ち物への配慮なども心掛けましょう。

図● 当日の持ち物の例

● ケアプラン原案
（第1表～第3表）

事前配布している場合でも3部程度持参し、当日忘れた担当者へ渡せるように準備しておきます。

● アセスメントシートや課題整理総括表

ケアマネジャーの手元に置き、確認として利用します。

● 筆記用具

自分の分と忘れた参加者に貸してあげられるよう、黒のボールペンを複数持参します。「会議に参加するのに筆記用具を忘れるはずない！」と思われるかもしれませんが、忙しい時間を調整して参加してくれる事業所の職員はもちろん、自宅なのに筆記用具の場所がわからない利用者などもいます。

また、私の知人の主任介護支援専門員の中には、「筆記用具を何度も忘れたことがある。理由は不明」と豪語しているつわものもいます。このような人の場合は問題ないでしょうが、通常会議で筆記用具を忘れると肩身の狭い思いをします。さりげなくケアマネジャーから借りられたら、どんなにほっとすることでしょう。

● 大判のハンカチ（ハンドタオル）やポケットティッシュ

会議中に出る冷や汗や脂汗を拭くこともありますし、感動したり、利用者への理不尽な仕打ちに憤るような話に激高したりして涙が止まらなくなることもあります。ケアマネジャーだけではなく、主治医などの医療関係者の場合、処置用のバッグにハンカチなどは入れてあり、会議には筆記用具だけしか持ってこない人もいます。参加者の涙が止まらない際などにもさりげなく貸してあげられるとよいですね。

これ以外にも、医療略語集、メジャーやコンベックス、お守りなど、みなさん工夫している様子です。是非周囲の方と会議当日の持ち物についての情報交換などもしてみてください。意外でも使える物を挙げる方も多くてびっくりしつつ、参考になること請け合いです。

まとめ

● 会議当日に必ず使う資料は、ケアプラン原案（第1表～第3表）
● ケアプラン原案は事前に配布をしておき、当日までに目を通してもらっておくことで会議当日の進行がスムーズになる

利用者や家族が参加する意味は？

利用者と家族の積極的な参加を促そう！

5節　参加を促す①　利用者、家族

❶ 昔は利用者も参加者も参加していなかった⁉

　運営基準減算が適用される2003年度以前は、サービス担当者会議の開催は努力義務とされていました。ベテランケアマネジャーの中には、覚えている人もいると思いますが、運営基準減算が適用される以前のケアマネジャーは、「全員の利用者のサービス担当者会議を開催することは困難」として、処遇困難事例の会議を優先させていました。もちろん、処遇困難事例を取扱う会議出席者の中に利用者の姿はありませんでした。

　しかし、サービス担当者会議は、**利用者の人生設計図であるケアプランを完成させる会議**です。人生の主役である本人不在のまま、利用者を支える役割の専門職だけで利用者の人生設計図（ケアプラン）を決めてしまっていたおかしな過去（経緯、歴史）が居宅介護支援にはあったのです。

図 ● 一般的なカンファレンス

❷ 利用者と家族の参加が基本

運営基準の改正により、2003年4月からはサービス担当者会議の開催が原則とされました。同時に算定基準や定める基準の規定により、サービス担当者会議の開催がされていない場合は**運営基準減算**が適用されることになり、これらを契機に、介護支援の現場においてサービス担当者会議の開催が急速に根付いていったのです。

そして、効果的かつ実現可能な質の高いケアプランの作成のため、2014年から運営基準第13条第9号に、「利用者及びその家族の参加を基本としつつ」とする利用者や家族の積極的な参加を推奨する一文が追加施行されたことにより、サービス担当者会議には、**利用者や家族の参加が原則**であることが明文化されました[※]。

利用者が担当者に直接自分の思いを伝え、ケアチームに支えられながら前向きに取組もうと感じてもらうためにも、サービス担当者会議への出席を促しましょう。

※　ただし、解釈通知第二の3（7）⑨に「利用者やその家族の参加が望ましくない場合（家庭内暴力等）には、必ずしも参加を求めるものではないことに留意されたい」という注釈がついています。

図 ● サービス担当者会議は利用者を支える輪を作る場

まとめ

- 利用者の人生設計図を構築するサービス担当者会議は、利用者や家族の参加が原則
- 効果的かつ実現可能な質の高いケアプランとするためにも、サービス担当者会議への利用者と家族の参加を促そう

担当者が参加する目的は？

忙しい中、担当者に参加してもらう工夫！

6節 参加を促す② サービス担当者

❶ 開催場所と時間に配慮しよう

　サービス担当者会議は、できるだけ利用者の自宅で開催します。自宅で開催するメリットは、利用者が**安心して参加**できるだけではなく、自宅での利用者や家族の生活状況をサービス事業所の担当者が確認し、計画に反映させることが可能な点です。また、訪問系のサービスとそれ以外のサービスによる効率的なサービス提供を行うためにも、自宅での様子が直接同時に確認できる自宅開催は意味があります。

　ただし、利用者や家族が自宅開催を拒否する場合など、それぞれの事情を汲んだ**柔軟な対応**も求められます。

　また、利用者が通所系サービスの利用中にサービス担当者会議を開催した場合には、その日のプログラムが提供できていないとして、通所系サービスの報酬が受けられない場合もあります。開催場所や時間を決定する際には、介護保険のルールにも配慮しましょう。

表 ● サービス担当者会議で自宅の状況を確認し、援助内容に反映させた例

【短期目標の例】	1日7回トイレに行ける		
《本人》 毎日補装具を付ける 補装具を付けてからトイレに行く	《訪問介護》 移動動作、排せつ動作の見守り 屋内の整理整頓	《福祉用具》 歩行器と手すりを活用し、起居動作、移動動作を補助する	《通所リハ》 自宅環境のアセスメントと本人、援助職への助言 自宅を想定した動作の助言とリハビリの提供

各サービスの援助内容を連動させ、効率的なサービス提供と目標達成につなげる

❷ 日程が決まったら当日の概要を先に伝える

サービス担当者会議の日程の連絡の際には、検討議題を設定し、論点を整理したサービス担当者会議の概要（レジュメなど）を先に作成し、事前に送付することをお勧めします（概要（レジュメ）の例は本章第2節を参照）。

参加者が参加者自身のサービス担当者会議における**役割**（会議においてどのような役割を期待されているのか）について、事前に把握することによって、**参加意欲**が高まります。

また、概要等を先に送付することは、会議当日の議論の焦点が定まり、会議時間の短縮、会議の効果的・効率的な開催につながります。当日の会議予定時間がある程度予測がつけば、参加する側（サービス事業所の担当者）の時間調整や管理もしやすくなります。

なお、2回目以降のサービス担当者会議の際には、ケアプラン原案を送付する際に、第4表の概要を送付し、併せてサービス担当者会議当日には、配布したケアプラン原案に沿った個別サービス計画案の持参をお願いし協議する、などの効率的な開催についても工夫をしましょう。

まとめ

- サービス担当者会議は、サービスの効率化や適正化に生かすためにも、できるだけ利用者の自宅で開催しよう
- 当日の時間管理、ムダのない焦点の定まった議論など、参加者の利益となる効果的・効率的な開催の工夫をしよう

同じ担当者でも主治医は別格？

参加しやすいように調整を！

7節 参加を促す③ 主治医

❶ 主治医への声掛け

　主治医が出席するサービス担当者会議での他の担当者の出席率は、主治医が出席しない会議と比べて高い印象を受けています。サービス事業所が主治医と直接やり取りができる機会を有効に活用してもらうためにも、在宅療養のカギを握る主治医が参加できるよう働きかけたいものです。

　サービス担当者会議を開催する際には、利用者の外来受診日や訪問診療の時間の活用も含めて実施時間と場所の工夫を試み、提案をしてみましょう。

❷ 居宅療養管理指導の情報提供の場として活用する

　主治の医師及び歯科医師の行う居宅療養管理指導については、ケアマネジャーへの必要な情報提供が義務づけられています。情報提供は、サービス担当者会議で行うことが基本とされ、サービス担当者会議に主治医が参加すれば、口頭での説明だけで居宅療養管理指導の情報提供を行う算定要件が満たされるため、主治医の文書記載の負担を減らせます。

　なお、当該会議への参加が困難な場合等については、「情報提供すべき事項」を文書等により、ケアマネジャーに対して情報提供を行うことが原則とされています。

情報提供すべき事項[※]
(a) 基本情報（医療機関名、住所、連絡先、医師・歯科医師氏名、利用者の氏名、生年月日、性別、住所、連絡先等）
(b) 利用者の病状、経過等
(c) 介護サービスを利用する上での留意点、介護方法等
(d) 利用者の日常生活上の留意事項

※ 情報提供については、診療情報提供料に定める様式を活用してもよい

表 ● 居宅療養管理指導情報提供書の見本例

居宅療養管理指導（介護予防居宅療養管理指導）情報提供書

今月訪問月日（　　　　　　　）　　　　　　　　　記入日：平成　　年　　月　　日

医療機関情報	情報提供先（ケアマネジャー・介護保険事業者等）
医療機関名： 医師氏名： 所在地： TEL： FAX： E-mail：	事業所名： 担当者名： 所在地： TEL： FAX： E-mail：
利用者情報	フリガナ 氏　名： 住　所： 要介護度：要支援（Ⅰ　Ⅱ）要介護（Ⅰ　Ⅱ　Ⅲ　Ⅳ　Ⅴ）　介護保険番号： 認定の有効期間：　　年　　月　　日　～　　年　　月　　日　　生年月日：(明・大・昭　年　月　日生　　歳)　性別　男　女　TEL：

利用者（家族）の同意に基づき、下記事項について情報提供します。

現在の寝たきり度（　自立・J1・J2・A1・A2・B1・B2・C1・C2　）　前回情報提供時からの変化（　　　　）
現在の認知症自立度（　自立・Ⅰ・Ⅱa・Ⅱb・Ⅲa・Ⅲb・Ⅳ・M　）前回情報提供時からの変化（　　　　）

傷病名　　　　　　　　　　　　　　　発症年月日

処方内容

症状及び経過

介護サービスを利用する上での留意点・介護方法等

日常生活上の留意点等

出典：千葉県医師会ホームページ

> **まとめ**
>
> ● サービス担当者会議に主治医が参加できるよう働きかけよう

近隣住民の参加はなぜ必要？　　　　　　自助を支えるのは
　　　　　　　　　　　　　　　　　　　互助（ご近所力）！

8節　参加を促す④ 専門職以外

❶ 利用者の暮らしを支えているヒト

　利用者の生活は、介護保険だけが支えているわけではありません。サービス担当者会議には、民生委員や自治会の役員等の地区組織、付き合いのあるご近所さんや友人などを「担当者」に位置づけ、参加してもらうこともあります。

　利用者にはそれぞれの価値観があり、今まで生活をしてきた歴史があります。利用者や家族の多様な価値観等を支えるために、ケアマネジャーは4つの助（自助、互助、共助、公助）を使いこなすことが求められます。

　4つの助のうち、基本となるのは「自助（自分や家族が自分を支え守ること）」ですが、自助を支えるのは、「互助（ご近所の自発的な助け合いやボランティアなどの制

表●地域包括ケアシステムを支える「自助・互助・共助・公助」

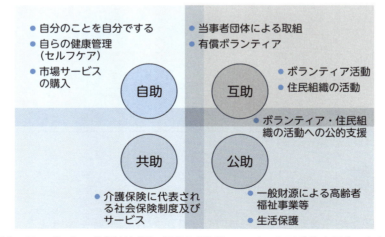

出典：三菱UFJリサーチ&コンサルティング「地域包括ケア研究会 報告書 -2040年に向けた挑戦-」平成28年度 老人保健事業推進費等補助金 老人保健健康増進等事業、2017年3月

度化されていない相互扶助)」といわれています。まずは自分で自分のことに取組みますが（自助）、自助が行き詰ったときのサポートでもあり、自身もサポート役になることもある"人と人との助け合い（互助）"が必要なのです。

❷ 介護保険サービスが自助と互助を低下させていないか

また、利用者にとっても、慣れ親しんだ人との慣れ親しんだ生活の継続は、日常生活の力になると同時に、自身が支援の受け手としての立場だけではなく、支援の提供者としての立場になる可能性があることの意識づけにもなります。

ときに、介護保険のサービスを利用することによって、「これからは、専門職に任せよう」と自助や互助の力を大きく後退させてしまうこともあります。介護サービスの利用が自助や互助を低下させていないかは、モニタリングすべき重要なポイントです。自助や互助のモニタリングの最大の担い手は、利用者や家族と従来からの利用者の友人・知人です。利用者等のプライバシーに配慮しながらお互いにつながり支えあえるサービス担当者会議を有効に活用したいものです。

図 ● 地域包括ケアシステムの植木鉢

出典：三菱UFJリサーチ&コンサルティング「地域包括ケア研究会 報告書 -2040年に向けた挑戦-」平成28年度 老人保健事業推進費等補助金 老人保健健康増進等事業、2017年3月

> **まとめ**
>
> - サービス担当者会議には、介護保険サービス以外の人（民生委員、自治会、近隣住民、友人など）を「担当者」に位置づけたうえで、参加してもらうこともある
> - ケアマネジャーは4つの助（自助、互助、共助、公助）を使いこなし、利用者を支援していく視点が必要

コラム

略語や専門用語は控えよう

『介護・医療業界の常識は世間の非常識』などといわれることもありますが、私たちが日常会話で使用している略語や専門用語についても、日常的な使用方法とは違う使い方も多いものです。

例えば、「CM」という略語は、世間一般（日常生活）では、「コマーシャル（commercial message）」です。
しかし、介護業界の私たちにとっては、「ケアマネジャー、介護支援専門員（care manager）」ですし、似た分野である障がい支援分野においては、「ケースマネージャー、相談支援相談員（case manager）」を指す場合が一般的です。

また、世間一般で「PT」は、「太平洋標準時間（pacific time）」の略語です。しかし、介護・医療現場で、両方が大文字の「PT」は「理学療法（physical therapy）」もしくは「理学療法士（physical therapist）」を指す略語として、tが小文字の「Pt」は、「ポータブルトイレ（portable toilet）」や「患者（patient）」として使われている印象があります。

さらに、施設によっては、同じ「PT」という略語で、理学療法、理学療法士、ポータブルトイレ、患者がない交ぜになった記録を見かけることもあります。
これは、「CW」も同様で、同じ福祉分野といってもそれぞれの職場や対象とする相手によって、「ケースワーカー（相談援助職。case worker）」、「ケアワーカー（介護職。care worker）」、「チルドレンワーカー（保育士。children worker）」などを使い分けていることも多いものです。

専門用語や略語は記録の時間短縮などにもつながり便利なのですが、使い過ぎや使い勝手のよさの弊害が出ていないか、記録の振り返りをお進めします。

なお、記録時間の効率化などを目指し略語を使う場合は、まずは記録を記載する職員が統一した言葉を使用できるよう、記録の最後に「略語集」などを付けておくなどの工夫が必要でしょう。この略語集は、職員の意思統一や日常業務に使えるだけではなく、利用者等からの書類の開示請求を受けた際などに一緒にお渡しすることも可能です。トラブルの予防として施設や事業所での作成をお勧めします。

表 ●《参考》略語表（見本例）

分類	略語・記号	名称（英語綴り）	意味や基準値等
職員等	Nr	看護職員：看護師及び准看護師（Nurse）	診療の補助や療養生活の世話を担当する職員。
	CM	介護支援専門員（Care Manager）	アセスメント、サービス担当者会議、ケアプランの作成、連絡調整等を行う職員。
	CW	介護職員（Care Worker）	日常生活の支援や身の回りの世話等を行う職員。
検査や体に関するもの	BT	体温（Body temperature）	通常（基準値）：35℃〜37℃未満
	BP	血圧（Blood pressure）	基準値：139mmHg以下／79mmHg以下
	PR	脈拍数（Pulse rate）	基準値：60〜99回／分
	ADL	日常生活動作（Activities of Daily Living）	食事・排泄・整容・入浴などの日常生活を営むうえで不可欠な基本的な動作のこと。
	IADL	手段的日常生活動作 (Instrumental Activities of Daily Living)	ADLを基本にした日常生活上の複雑な動作のこと。買い物や洗濯、電話、薬の管理、金銭管理や趣味活動も含めた言葉。
	褥瘡	じょくそう	皮膚の血行が悪くなったために生じる"床ずれ"のこと。全身状態の悪化等と関連。
生活など	Pt	ポータブルトイレ（Portable toilet）	夜間の転倒を防ぐこと等を目的とした、ベッド横等で使用するイス型のトイレのこと。
	CP	ケアプラン（Care plan）	介護支援専門員が立てる介護支援計画のこと。
	BPSD	認知症による心理行動（Behavioral and Psychological Symptoms of Dementia）	認知症が原因で引き起こされる行動心理症状。（例：異食、介護抵抗、妄想、徘徊、不眠等）
記載のルール	・	ナカグロ（ナカテン）	並列、並列連結を表す記号 記載例）看護・介護、ADL・IADL
	「 」 『 』	カギカッコ 二重カギカッコ	以下3つの場合に使用する ・会話内容を直接記載する ・特徴的なものを際立たせるために使用する ・他の書籍等からの引用等を示す

MEMO

第4章

サービス担当者会議
当日の動き

第4章では、当日のケアマネジャーの動きを中心に確認します。
サービス担当者会議の場面において、ケアマネジャーは、司会進行、利用者の代弁、議事の方向性決定などの役割を担います。
複雑で高度な当日の役割等について、細かく分けた節で再確認しながら自身の実践を振り返りましょう！

当日は何をする？

1節 会議当日の主な役割

当日の役割を理解し、準備万端で会議に臨もう！

❶ 当日のケアマネジャーの役割

ケアマネジャーは、サービス担当者会議においてケアチームが自身と他者の双方の役割について相互理解を図り、チームワークを深めることができるよう、①司会進行（調整） ②利用者の代弁 ③リスク管理 に関する役割を当日も担います。

この役割をケアマネジャーが適切に果たすためには、①全員参加の促進 ②わかりやすい言葉の使用 ③個人情報の保護 を意識することが求められます。

❷ 全員参加型の会議運営

利用者を含むケアチーム全員が、ケアプランの決定に関与することにより、参加者の主体性を高めます。サービス担当者会議においては、誰にでもわかりやすい言葉の使用を心掛け、一般的に使わない言葉などは解説を加えます。ときに、専門職集団の中にいる利用者や家族は、議論の輪から外れ、置いていかれることもあります。ケアマネジャーは、利用者や家族の理解度・納得度などを確認しながら、サービス担当者

図 ● 専門職が日常的に使う言葉でも利用者等には伝わっていないこともある

会議を進行します。

なお、個人情報については、事前に利用者と家族の代表から使用の同意を得ていることが原則ですが、会議当日においても適切な使用を心掛けましょう。ケアマネジャーが個人情報を適切に使用すること、利用者を含む担当者が介護支援専門員の個人情報の取扱いの丁寧さを理解することの双方から、担当者間の**信頼関係の構築**に働きかけます。

図 ● 利用者・家族の理解度・納得度に合わせケアマネジャーの翻訳機能を使う

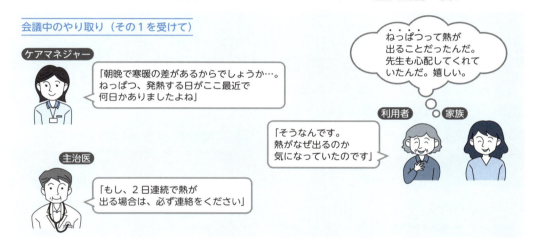

まとめ

- ケアマネジャーは、サービス担当者会議において ①司会進行（調整） ②利用者の代弁 ③リスク管理 に関する役割を担う
- この役割をケアマネジャーが適切に果たすためには、①全員参加の促進 ②わかりやすい言葉の使用 ③個人情報の保護 を意識することが求められる

時間割はどうなっているの？

2節 会議の流れと時間管理

> 会議の進行とその時間割を再確認！

❶ 会して議論することが「会議」

今さらですが、サービス担当者会議は、「**会議**」です。意見発表や意見交換だけの集合を「会議」とは呼びません。ただ意見を発表・交換するだけでしたら、電話、メール、板書等の伝言で十分ですから、一堂に会する必要はありません。

会議とは、**会して議論する**、つまり**結論を導く**ために開催します。結論を導くためには、議事進行に合わせた柔軟な対応をしながらも、ある程度のシステマチックな**構成（枠組み）**が必要です。

そのためにも、改善が必要かどうか実際の会議を客観的に振り返り、より望ましい会議を参加者全員で作り上げていくことが求められているのです。

❷ 時間管理が次の約束を作る

"時間"は**集中した議論をするため**の枠の最たるものといわれています。当日は活発な議論をしながら時間管理を心掛けましょう。とことん話し合いたい内容もあるでしょうが、何時間たっても終わらない…、という会議では、参加者の不安を増大させたり、中座などで議論を散漫にさせたりします。

表 ● 会議を客観視する

改善が必要な会議の例	望ましい会議
・会議の目的やねらいが不明確 ・意見が出にくい雰囲気 ・参加者が対等でない会議（主治医などの鶴の一声で結論が決まってしまう） ・予定時間が決まっていない、予定時刻を守らない	・会議の目的やねらいが明確 ・意見が出やすい雰囲気がある ・参加者が対等（議論の結果、結論を導く会議） ・予定時間が決まっている、予定時間で終了する

そして、これらを参加者がみな理解し、協力するよう努めていること

会議開催にあたっては、「今日は○分程度を予定しています」などの時間の約束をしましょう。そして、時間内で結論まで導きます。

限られた時間でケアチームの最大のパフォーマンスを引き出すためにも、延長した時間は、他者の時間を無駄にしているという認識を持ちましょう。5人が参加した会議で5分延長した場合には、25分の時間を無駄にしたことと同じです。司会進行にあたっては、自分一人の都合や思いを優先しない、誠実な姿勢も求められているのです。

表 ● サービス担当者会議の進行の例

	項目	留意点	時間配分
①	開会・挨拶	参集への感謝を含めた挨拶と、会議の目的を説明します。このときにはできるだけ、終了目安時刻も伝えます	1〜2分
②	参加者の自己紹介	初回の会議や初参加の担当者がいるときは、簡単に自己紹介を行います。全員がすでに顔を合わせている場合でも、司会であるケアマネジャーが一通り紹介します	3〜10分
③	利用者の意向や希望の表明	利用者の意向や希望をまずは宣言してもらいます。その後、欠席者への照会内容と、ケアプラン原案の内容などを説明してから、出席者で意見交換します。意見交換の際には、議題ごとにケアマネジャーがまとめて利用者・家族に確認し、思いが口にできるよう支援します	30分〜60分
④	課題分析の結果の説明と確認		
⑤	総合的な援助の方針の説明と確認		
⑥	第2表の説明と担当者からの意見聴取		
⑦	ケアプラン原案の修正		
⑧	修正後のケアプラン原案の説明と利用者の同意	各議題について話し合われたことをまとめ、参加者全員に最終確認・同意を得ます	5分
⑨	残された課題と会議後の役割の確認	会議で見つかった新しい課題など次回に持ち越す課題が出てきた場合には、各担当者から後日報告をもらうよう調整します	5分
⑩	閉会の挨拶と次回の案内	会議参加のねぎらいを伝え、次回の開催時期が決まっていれば日程をお知らせします	1〜2分
		合計	45〜90分程度

まとめ

- 会議とは、会して議論すること。望ましい会議が開催できるよう、改善点があれば改善をしよう
- 時間管理もケアマネジャーが開発したい能力の一つ。適切な時間管理で参加者の集中力を高め、議論を活発にしよう

司会進行のコツ①　挨拶はどうする？

> 挨拶はチームづくりの第一歩！

3節　会議の開始は挨拶から

❶ 挨拶で会議の雰囲気をつくる

　連携・協働を円滑にするためにも、サービス担当者会議においては、まずは挨拶や自己紹介などを行い、<u>場の雰囲気を整える</u>ことが有効です。

　はじめにケアマネジャーが参集してくれたケアチームへの感謝の気持ちを含めた挨拶をしたのちに、ケアマネジャーの自己紹介を行ってから、他の参加者から自己紹介をしてもらうとよいでしょう。ケアマネジャーが誠実な姿勢を示しながら行う感謝の気持ちを交えた挨拶は、緊張の高い参加者の気持ちをほぐし、会議の雰囲気をつくることにつながります。

　特にターミナルケアが必要な利用者や虐待などの被害を受けている利用者に関するサービス担当者会議においては、出席者の数も多く、緊張感も高まります。ケアマネジャーは、利用者や家族だけではなく、担当者も含めた場全体の緊張感などにも配慮しましょう。

図●支持されていると感じる言葉

- そう思います
- お気持ちがよくわかります
- 上手に介護されていますね
- みんなで応援します
- お手伝いいたします
- 一人で頑張らないで
- 何かあったらいつでも電話をください
- 一人で抱え込まないでいつでも相談してください
- その通りです
- 思う通りでいいんですよ
- 奥様の関わりがいいからですよ
- 私たちも見守っています
- 一緒に考えましょう
- また来ますね

❷ 適切な自己開示を促す

また、ケアマネジャーがまず自己紹介をすることは、ケアチームのメンバーから適切な自己開示を促すことにつながります。信頼関係を構築するためには、適切な自己開示（どのような所属から、何をするためにきたのか？　どのような役割を担うのか？）がまずは必要です。

自己開示の量については、時期や関係性に合わせた開示が求められ、早い段階で多すぎる情報量を与えられると受け止める側の負担になります。反対に、少なすぎる情報量では、受け止める側の不安を増大させる危険性もあります。

利用者や家族の紹介については、利用者等の状況に応じて、ケアマネジャーから紹介をする形式でもよいですし、利用者等の自己紹介でも構わないでしょう。

ケアチーム内で適切な開示が進み、信頼関係の構築と醸成が進むようこころを配りましょう。

図● ねぎらいの思いが伝わる言葉

- 大変でしたね
- よく頑張りましたね
- ありがとうございます
- いつもきれいにされていますね
- お疲れ様です
- お辛かったでしょうね
- 誰でもが到底同じにはできません
- ご本人は安心していますよ
- 頑張っていますね。でも無理はなさらないでください
- おうちでの○○さん（本人）は表情がやわらかいですね。
  ご家族が本人を大切にされているからですね

まとめ

- サービス担当者会議においては、まずはケアマネジャーが挨拶や自己紹介などを行い、場の雰囲気を整えよう
- 適切な自己開示によって、ケアチームの信頼関係の構築や醸成にこころを配ろう

時間どおりに進行するコツは？

> 優先順位を
> つけてしっかり
> 議論しよう！

4節 会議を時間どおりに進めるコツ

❶ 時間の約束とプレゼンテーション能力

　全体で話をするとつい話が長くなってしまい、時間が超過してしまうこともあります。重要な議論であったとしても、忙しい時間を割いて出席している担当者の予定を狂わせることは望ましくありません。

　このような事態を避けるために、まずは、開始時に終了予定時間を宣言します。時間の約束を全員で行うことは、集中力を切らさずに議論をすることにつながります。

　加えて、ケアプランの内容を簡潔にかつポイントを外さないで説明するプレゼンテーション能力もケアマネジャーが高めたい能力です。

❷ 議題の優先順位を見極める

　サービス担当者会議で検討したほうがよい内容は多岐にわたり、議論すべき議題の量も膨大です。

しかし、すべての内容を会議内で話し合うことは時間的な制約等もあり難しいため、すべての内容を会議内で話し合えないという前提で、議題の優先順位を決めるべきです。議題に優先順位をつける際の参考にしてほしいのが図（マトリックス）です。

　ケアプランの原案を話し合うサービス担当者会議の中で、特に話し合うべきことはマトリックスの①〜④のいずれだと思いますか？

　多くの方は、主観的・客観的な重要度の両方が高い①だと思うかもしれません。しかし、サービス担当者会議で優先的に話し合う議題は①ではありません。すぐに対処が必要な①については、会して議論をしたとしても、結論がずれにくい（統一される）内容だからです。結論が明らかな内容は、主な担当者と利用者、ケアマネジャーの三者で確認し、決定事項を他の担当者に連絡調整すればよいので、会議の時間では「報告」にとどめるべき内容といえます。

　サービス担当者会議でしっかり話し合

い、結論を導いておかなければいけない議題は、**②（主観的に重要度を低く感じているが客観的には重要度が高い内容）**です。危険性が高い、すぐに取り組むべきと専門職が判断している内容でも、主観的な重要度が低いものについては利用者が軽視しがちです。②については、急変等の多い高齢者では**事故**や**トラブル**につながる可能性があります。また、主観的な重要度が低い内容については、担当者によって判断や対応に差が生じる可能性が高いため、事前の話し合いが必要になります。このため、会議では②をまずは優先的に話し合わなければならないのです。

図 ● 主観的な重要度と客観的な重要度のマトリックス

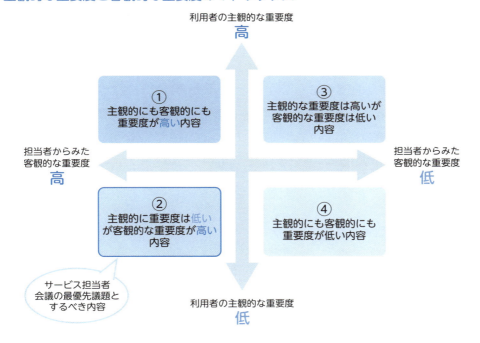

まとめ

- 会議を時間どおりに進めるために、参加者の協力が必要不可欠
- プレゼンテーション能力の向上とともに、優先順位に沿った進行を意識しよう！

意見を引き出すコツってあるの？

雰囲気づくり（環境整備）とコミュニケーション技術！

5節 みなの意見を引き出すコツ

❶ 意見を引き出す雰囲気づくり

　自分の勤める事業所の会議室ならばケアマネジャーがすべてとりしきり、座る場所、物品の配置、温度調節、花を飾るなどの工夫を行い、意見を引き出す会場設営が可能です。しかし、利用者の自宅で実施することの多いサービス担当者会議においては、会場設営による雰囲気づくりにも限界があるでしょう。

　利用者の自宅で開催する場合には、ケアマネジャーは少し早めに到着し、利用者や家族とまずは打ち合わせを行います。その際に、会議を円滑に進めるため、座席についても配慮を求めたいことなどの同意を得ておきます。その後、到着した担当者を指定の席に誘導します。担当者同士の関係性などを把握しているケアマネジャーだからこそできる環境設営です。また利用者や家族と会場設営をすることは、**自宅開催の負担を減らし、会議を効率化**させる近道だと考えてください。

❷ 意見を引き出すコミュニケーション技術

　環境整備はもちろんですが、意見を引き出すためには、ケアマネジャーの**コミュニケーション技術**が重要になります。シーンとした沈黙が支配するサービス担当者会議も困りものですが、長々と一人の参加者だけがしゃべり続けてしまうのも困りものです。

　また、議論が活発になるのはよいことですが、あちこちに話が飛躍してしまった場合は、結論を得るために議論を本筋に戻さねばなりません。本題からずれた話を続ける人には、あなたの話に興味があるという姿勢を見せながら、後味を悪くせずに方向を修正します。沈黙してしまい、議論があいまいになってしまった場合には、沈黙の直前に話していた人に順番を戻すなどのテクニックを駆使しながら、意見を引き出し、ケアチームで結論を導いていきましょう。

5節　みなの意見を引き出すコツ

図 ● いざというときの言葉がけ

脱線した話を本筋に戻す際の言葉がけ

- 「ここまでのお話を簡単に整理させて頂きますと…」

参加者の議論が活発になりすぎて、話が飛躍・脱線した場合は、要約の技法を活用し本題に戻します。
参加者の反発を招く可能性のある、脱線している、本題からズレているなどの解説は不要です。

本題からずれた話を続ける参加者への言葉がけ

- 「興味深い大切なお話ですね。もっと伺いたいのですが…、お時間の関係で、議題に戻ります」

本題からずれた話を続ける人の気分を害さずに方向を修正するためには、私は"あなたの話の内容"には興味があるが、事情があって今は聞けないという姿勢を示すことがポイントです。

同一参加者ばかりの発言が続くときの言葉がけ

- 「重要なご意見をいただけました。他の方のご意見もぜひ伺いたいですね。○○さん、いかがでしょうか？」

同じ人ばかりが発言していると、意見が偏り結論が歪むことや、他の参加者が会議に消極的になってしまうこともあります。
「大切な内容だからこそ、他の人の意見も聞きたい」という姿勢を示したうえで、次の発言者を指名しその人に発言してもらいます。

沈黙によって議論があいまいになってしまった場合の言葉がけ

- 「再度整理したいので、最後に発言した○○さん、申し訳ありませんがもう一度同じお話を頂けませんか？」

沈黙は考えをまとめるために必要な時間です。
しかし、沈黙によって議論があいまいになってしまった場合には、沈黙前の状態から会議再開を試みることが有効です。
具体的には、沈黙前の最後に発言した担当者に、先のように呼びかけてみます。

まとめ

- 意見を引き出すためには、環境整備とコミュニケーション技術が重要になる
- 利用者や家族と協力しながら、より効果的な議論となるようちからを尽くそう

意見をまとめるコツってあるの？

小さくまとめて、さらにまとめる！

6節　みなの意見をまとめるコツ

❶ 議題ごとにまとめてから次の議題にうつる

　サービス担当者会議はトライ＆エラー（試行と失敗）を繰り返しながら、ケアチーム内での葛藤を起こすことにより、<u>潜在化している問題を顕在化させる</u>機会ともいえます。またサービス担当者会議において、ケアチームでともに検討し、合意形成を図る過程そのものが<u>ケアチームを成熟</u>させていくことにもつながります。

　そうはいっても、複数の専門職が参加する会議をまとめる作業は、負担も大きいものです。新人のうちや、利用者の不安が大きい場合などに意識してほしいのが、"<u>議題ごとに結論を出す</u>"ということです。

　議題ごとに①内容確認　②質疑応答・意見交換　③議論の要約　④利用者等に不明な点や意向に沿わない点がないか確認　という流れを繰り返しながら、会議を進行します。議題ごとに区切って進行することで、疑問・質問・補足を小出しにしてもらうことができ、<u>ケアチームの意思統一</u>が図りやすくなる利点に加え、後から議論が戻ったり脱線したりして会議時間が延長することも予防できます。

図●小さくまとめて繰り返し、最終的な合意へ導く

議題Ａ	議題Ｂ	議題Ｃ
①内容確認 ↓ ②質疑応答・意見交換 ↓ ③議論の要約 ↓ ④利用者等に不明な点や意向に沿わない点がないか確認	①内容確認 ↓ ②質疑応答・意見交換 ↓ ③議論の要約 ↓ ④利用者等に不明な点や意向に沿わない点がないか確認	①内容確認 ↓ ②質疑応答・意見交換 ↓ ③議論の要約 ↓ ④利用者等に不明な点や意向に沿わない点がないか確認

最終的な合意へ

❷ みなで作り上げたケアプランにするための工夫

みなで作り上げたケアプランにするために、援助内容部分を抜いた第2表（居宅サービス計画書（2））を事前配布し、会議当日にサービスの案を持ち寄ってもらうなどの方法をとっているケアマネジャーもいます。

もちろん、すべての利用者について実施することは困難です。しかし、実際にやってみたところ、サービス事業所の担当者からキラリと光る提案を受けたり、主治医から「僕、これもやれるよ」などの助言が得られたり、利用者から「みなが一生懸命考えてくれて、支えられているという思いを強くした」などの声も聞いています。

意見を引き出し、まとめる方法は、利用者一人ひとりにあわせて提供したいものです。周囲のケアマネジャーなどと、サービス担当者会議の進行や運営について、話し合う機会もぜひ持ってください。

図 ● みなのケアプランにする工夫の例

・ニーズと目標を記載した第2表を、第1表と一緒に会議に先だち配布し、目標達成に必要なサービスの提供をお願いしておく。
・会議当日に、サービスを記載してもらった第2表を持ちより、議論する。

まとめ

● 小さくまとめ、みなの合意をとりながら進めてみよう
● みなのケアプランにするための方法を考え、実践してみよう

利用者の代弁って何を意味するの？

7節 利用者の代弁①
権利擁護

> 会議で利用者を擁護する！

❶ 利用者とサービス事業所は対等？

　介護保険制度では原則として、利用者とサービスを提供する事業者等は**対等**です。しかし、高齢者支援の現場においては、①サービスの利用者は、心身に障がいを有する場合や生活に支障をきたしている高齢者等が多いこと　②介護に関する知識や情報を専門職の方が多く有している場合が多いこと　③一般的に高齢者は遠慮がちで自分の権利を主張しない場合があること　などの特殊性があるため、契約したことだけを理由（根拠）に必ずしも対等とは言い切れない状況にあります。

　ケアマネジャーは、安易に苦情や不満がないからよしとせずに、対等になりにくい利用者と事業者等の関係性を理解したうえで、自身の権利を声高に語ることの少ない**高齢者を支援する**必要があるのです。

❷ 利用者の権利擁護とケアチームの民主化

　サービス担当者会議は、専門的な意見を聴取するだけの会議ではありません。サービス担当者会議におけるケアマネジメント（**広義の権利擁護機能**）を実践する場でもあります。ケアマネジャーは、利用者自身でも気が付いていない、もしくは目を背けたい権利についても真摯に向き合い、利用者の権利を擁護していくことで、ケアチームがより**民主的に成長**することを目指します。

　サービス担当者会議において、サービス事業所側が自分のために知恵や方策を練っている場面を、利用者や家族が直接目にし、耳にすることは、利用者の自己肯定感を高めたり、信頼関係に基づいた適切な援助関係を構築したりすることにつながります。これらにより、利用者の前向きな取組みを促進する効果も期待できます。

　ケアマネジャーは、全員が主体的にサー

ビス担当者会議に参加し、ニーズの実現に向かう力を共有することのできるようこころを配ります。"他人事（たにんごと）"、"お客様状態" のような感覚で参加している人をつくらないよう、わかりやすい言葉を使用する、全員が発言する機会を確保する、指導と支援の違いを意識したコミュニケーションを心掛けるなど、力を尽くしましょう。

図 ● 指導と支援の違い

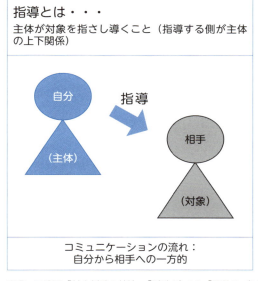

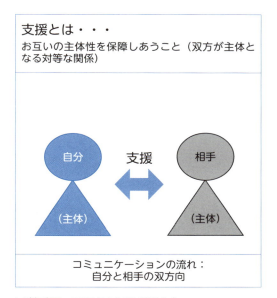

出典：尾崎新『対人援助の技法　「曖昧さ」から「柔軟さ・自在さ」へ』誠信書房、1997年を参考に著者作成

まとめ

- ケアマネジャーは、利用者とサービスを提供する事業者等は必ずしも対等とは言い切れない状況にあることを理解し、高齢者の権利を擁護する
- サービス担当者会議は、利用者の権利擁護を実践する場
- ケアマネジャーは、参加者全員が主体的にサービス担当者会議に参加し、ニーズの実現に向かう力を共有できるようこころを配ろう

家族支援のポイントは？

家族は社会資源であると同時に支援の対象！

8節 利用者の代弁② 家族は社会資源

❶ 利用者の代わりは誰にもできない

　介護保険制度は、利用者の自立支援、利用者主体、そしてそれまで家族が行うものとされていた介護を社会が担うこと、つまり**介護の社会化**を理念としています。

　ときに家族の意向が強く利用者の意向の把握が難しい事例や、利用者の意向が把握しにくく、家族からの情報を主としてサービスを調整しなければならないこともあります。

　しかし、本来は家族であっても利用者の代わりはできません。利用者の代わりが誰にもできないからこそ、長い人生を歩んできた利用者自身が主体となることを実現させるためには、家族がどのように考え、どのような意向があるのかを知ることが必要となります。

図 ● 家族を理解する道具：ジェノグラムとエコマップ

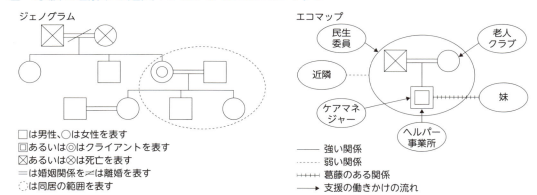

- ジェノグラム（Genogram）は、家族関係図、ファミリーマップとも呼ばれます。家族に関する情報を図式であらわし、利用者と家族への援助情報を明らかにするために使用します。
- エコマップ（Eco map）は、生態図とも呼ばれます。家族と関係者（資源）との間に見られる問題を明らかにしようとしたもので、関わりとその評価に効果的であるといわれています。

出典：中村伸一「ジェノグラムの書き方ー最新フォーマット」『家族療法研究19（3）』、2002年（P57～60）を参考に著者作成

❷ 家族は社会資源であるのと同時に支援の対象

　理論家や研究者によって、家族の定義はさまざまですが、家族の定義に共通する部分としては、①絆や情緒的な結びつきを有すること　②家族であることを自覚している人たちであること　の2点です。

　また、「介護する家族」とひとくくりにしても、本人との続き柄等によってその思いや葛藤はさまざまといえるでしょう。本人と介護する家族の続き柄等を確認し、その思いに寄り添うことが求められます。

　家族は利用者を支える社会資源であると同時に、支援の対象となることもあります。ケアマネジャーは、まず目の前の利用者と家族の歴史を理解し、中立的な立場で接します。家族が利用者の適切な社会資源となりうるよう、支援し働きかける必要があるのです。

　サービス担当者会議は、利用者だけではなく、家族も支えてもらっていることを直接感じることができる場です。ケアマネジャーとして、利用者主体を成り立たせるための家族支援の場としてもサービス担当者会議を活用しましょう。

表● 主な続き柄とその思いの例

続き柄等	葛藤や思いの例
夫婦	・"介護して当然"という周囲の期待 ・子どもや周囲に負担はかけたくない思いによる抱え込み
実の親	・核家族化の進行による負担増 ・遠慮のなさと成育歴、若しくは家制度による葛藤
義理の親	・血のつながらないことによる葛藤 ・実親の介護よりも優先しなければならない負担感
男性介護	・基本的な介護能力の低さ ・自己責任意識と愛情表現による束縛

出典：後藤佳苗『駆け出しケアマネジャーのためのお仕事マニュアル』秀和システム、2012年（P69）を一部改変

> **まとめ**
>
> ● サービス担当者会議を有効に活用し、利用者の最も身近な社会資源として家族が機能するよう支援しよう

共通言語って具体的に何を使うと便利？

ICFを使いこなそう！

9節 会議で使いこなしたい共通言語（ICF）

❶ 国際生活機能分類（ICF）の概要

　ケアマネジメント全体で使える知識と技術ですが、ケアマネジャーがサービス担当者会議において使いこなしたいものとして、国際生活機能分類（International Classification of Functioning, Disability and Health: ICF）があげられます。

　ICFは、それまでの医学モデルと社会モデルに分かれていた考え方を統合したモデルです。2001年にWHOが国際障害分類（International Classification of Impairments, Disabilities and Handicaps：ICIDH）にかわるモデルとして発表し、現在では、保健・福祉・医療に携わる総ての者が必要な知識とされ、それぞれの教育課程にも含まれています。ICFは、プラス面を重視する用語に変更したこと、環境因子の影響を含めて生活機能を把握しようとする特徴があります。ICFは、単に心身機能の障害を分類するのではなく、活動や社会参加に注目し、環境を含む背景因子として人間との相互関係が重要視されています。

❷ 利用者を含めた関係者全員の共通言語

　つまりICFとは、人をより深く理解するための生活機能の視点を有し、人をより広く全体的にとらえるためのモデルであり、障がいがある人にもない人にも当てはまります。利用者を全人的にとらえることは、

図 ● 国際障害分類（ICIDH）の障害構造モデル

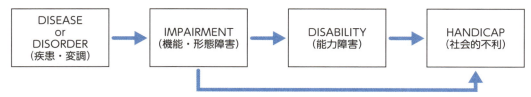

ケアマネジャーにとって欠かせない視点ですが、ICFの考え方はその一助となります。

また、ICFは、健康・病気・障がいに関わる仕事に従事する専門職と当事者を含めたすべての関係者（利用者、患者、障がい者、家族など）の**相互理解と協力の為の共通言語**として活用されています。

専門職だけではなく、利用者や家族などの当事者も参加するサービス担当者会議においては、生活機能の視点を使ったICFの視点や言語は利用者の参加を促進し、教育の違う多職種の意思疎通を円滑にします。

ICFはサービス担当者会議において、司会進行、利用者の権利擁護、リスクマネジメントの役割を担うケアマネジャーが、有しておきたい知識であり、使いこなしたい技術です。

図 ● 国際生活機能分類（ICF，2001）モデルと構成要素の定義

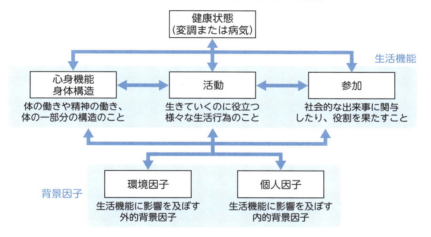

出典：障害者福祉研究会編『ICF 国際生活機能分類―国際障害分類改定版』中央法規出版、2002年（P17）を一部改変

> **まとめ**
>
> - ICFは、専門職と当事者を含めたすべての関係者の相互理解と協力の為の共通言語であり、人をより広く全体的にとらえるためのモデル
> - サービス担当者会議においてもICFを使いこなし、利用者の参加促進、多職種の意思疎通の推進などを図ろう

MEMO

第 5 章

サービス担当者会議後の役割

第5章は、会議後の事務作業と参加者への働きかけを中心に確認します。
利用者を含めたケアチームが、それぞれの役割を確実に実行しながら横の連帯が図れるよう、会議後のケアマネジャーの作業や気配りのポイントについて再確認しましょう！

第4表って、どこに何を書くの？　　　第4表の記載要領を再確認！

1節　資料の作成①　第4表の書き方

❶ 第4表はすぐに作成しよう

　会議終了後、ケアマネジャーは、「サービス担当者会議の要点（第4表）」（以下、「第4表」とします）を作成します。

　第4表は交付義務のない書類のため、記載が後回しになりがちです。しかし、人間は自分自身の発言やその時の感情ですら、長い時間正確に記憶しておくことは困難です。自分のことですら正確にとどめられないのですから、他者の発言や思いならばなおさらです。最初から完璧でなくても構いません。ケアマネジャーは、できるだけ早く、検討内容や結論をまとめた第4表を作成しましょう。

❷ 欠席者の記録もれに注意しよう

　サービス担当者会議は、利用者や家族を支える「担当者」が同じ方向を向いて支援できるよう開催するものです。このため、第4表には、出席者だけではなく欠席した担当者に照会した内容やその結果についても、記載します。

　欠席者に関する情報をどこにどのように残すか？　については、事業所内である程度統一をしておきましょう。

　なお、ケアプランは時点主義で作成する書類ですから、意見照会をした日、回答を受けた日など、時点の記載が漏れないように注意しましょう。

まとめ

- 会議終了後は、できるだけ早く、検討内容や結論を第4表に"見える化（記録）"しよう

表 ● 第4表の記載要領

サービス担当者会議を開催した場合に、当該会議の要点について記載する。また、サービス担当者会議を開催しない場合や会議に出席できない場合に、サービス担当者に対して行った照会の内容等についても、記載する。

第4表　サービス担当者会議の要点　作成年月日　年　月　日

利用者名　　　　　　　殿　　　居宅サービス計画作成者（担当者）氏名

項目	記載要領
開催日	当該会議の開催日を記載する。
開催場所	当該会議の開催場所を記載する。
開催時間	当該会議の開催時間を記載する。
開催回数	当該会議の開催回数を記載する。

会議出席者	所属（職種）／氏名
利用者・家族の出席 本人：【　】 家族：【　】 （続柄：　） ※備考	当該会議の出席者の「所属（職種）」及び「氏名」を記載する。本人又はその家族が出席した場合には、その旨についても記入する。記載方法については、「会議出席者」の欄に記載、もしくは、「所属（職種）」の欄を活用して差し支えない。また、当該会議に出席できないサービス担当者がいる場合には、その者の「所属（職種）」及び「氏名」を記載するとともに、当該会議に出席できない理由についても記入する。なお、当該会議に出席できないサービス担当者の「所属（職種）」、「氏名」又は当該会議に出席できない理由について他の書類等により確認することができる場合は、本表への記載を省略して差し支えない。
検討した項目	当該会議において検討した項目について記載する。当該会議に出席できないサービス担当者がいる場合には、その者に照会（依頼）した年月日、内容及び回答を記載する。又、サービス担当者会議を開催しない場合には、その理由を記載するとともに、サービス担当者の氏名、照会（依頼）年月日、照会（依頼）した内容及び回答を記載する。なお、サービス担当者会議を開催しない理由又はサービス担当者の氏名、照会（依頼）年月日若しくは照会（依頼）した内容及び回答について他の書類等により確認することができる場合は、本表への記載を省略して差し支えない。
検討内容	当該会議において検討した項目について、それぞれ検討内容を記載する。その際、サービス内容だけでなく、サービスの提供方法、留意点、頻度、時間数、担当者等を具体的に記載する。なお、⑩「検討した項目」及び⑪「検討内容」については、一つの欄に統合し、合わせて記載しても差し支えない。
結論	当該会議における結論について記載する。
残された課題 （次回の開催時期）	必要があるにもかかわらず社会資源が地域に不足しているため未充足となった場合や、必要と考えられるが本人の希望等により利用しなかった居宅サービスや次回の開催時期、開催方針等を記載する。

なお、これらの項目の記載については、当該会議の要点を記載するものであることから、第三者が読んでも内容を把握、理解できるように記載する。

作った第4表の保存はどうするの？

欠席者の記載と
保存義務を再確認！

2節 資料の作成② 第4表の扱い方

保存の義務を意識しよう

本章第1節で確認した通り、第4表には、出席者だけではなく欠席した担当者に照会した内容やその回答についても、記載する必要があります。しかし、欠席者に関する情報を残す際には、第4表を必ず使わねばならないわけではなく、別様（別紙）などで確認が可能な場合は、それで代用が可能です。

認定の更新時期が重なる場合など、出席者の都合等により、1日のうちに担当者会議を複数回開催することもありますが、サービス担当者会議の記録については、利用者一人ひとり個別にまとめることが必要です。

なお、第4表を使用して記録する場合、第4表以外に記録をする場合のいずれについても、サービス担当者会議の要点等については、法令（運営基準第29条第2項）により、完結の日から2年間※の保存が義務づけられています。記録する際には、保存に適した紙やインクを使用し記載しましょう。

※ 法令上は「完結の日から2年間」ですが、市町村の条例に依って保存の起算日や保存年限は異なります。

> **まとめ**
>
> - サービス担当者会議の記録は、利用者一人ひとりに関して個別にまとめよう
> - サービス担当者会議等の記録については、保存の義務を果たせるよう、保存に適した紙やインクを使用し記録しよう

表●記載見本:第4表

サービス担当者会議の要点

第4表

利用者名 A 様

| 開催日 20XX年X月24日 | 居宅サービス計画作成者 N | 開催場所 A様の自宅 | 開催時間 15:00～15:45 | 作成年月日 20XX年X月24日 開催回数 2 |

会議出席者

所属(職種)	氏名	所属(職種)	氏名
本人	Aさん	C診療所(主治医)	C氏
妻	Bさん	D通所リハビリ(理学療法士)	D氏
娘(次席)	Zさん	E訪問介護(サービス提供責任者)	E氏
		N居宅介護支援事業所(ケアマネ)	N氏

利用者・家族の出席
本人:[ ]
家族:[ ]
(続柄:)
※備考 20XX年X月19日:仕事のため欠席する別居の娘(Zさん)に電話で確認。介護保険でできるものはすべて使ってほしい。本当に助かっている。

検討した項目
更新認定後のケアプラン原案の検討

検討内容
1. 本人と家族の情報の共有について
2. 日常生活の過ごし方(家族、援助職の役割を含む)について
3. サービスの必要な量について(サービスの利用を最低限の金額で抑えたいと長男からの申し出あり)
4. その他連絡事項

結論
1. 事故予防のため、トイレ、入浴、食事などの日常生活動作の状況を本人とともに関係者全員で共有する。通所リハビリでは、自宅での生活をイメージしたリハビリ等を取り入れるよう調整をする
2. 規則正しい生活を送りながら再発予防に取り組むことが必要
3. サービスの利用は、在宅で生活することのうえで必要なことを主治医から説明を受け了解する。通所リハビリテーションを組み込み、リハビリの継続とともに事故の危険性を回避することになる。入浴は血圧が180以上になったら中止する(医師からの指示)。福祉用具については、リハビリ職種と連携の上、リハビリと事故予防の両面から導入を行う。介護保険以外で使えるサービス等について、今後も探していく。サービスと家族による介護のバランス(必要性など)をみなで確認する
4. サービス事業所に対し、個別サービス計画の提出を依頼

残された課題(次回の開催時期)
サービス利用になれてきたことにより、別居の娘が実施している支援(入浴、通院介助)が減少し、併せて自宅への訪問も減っている。自助らから低下させずに、サービスを再度必要性を確認したい
(次回は、短期目標の終了間際の6か月後の〇月末に開催予定)

会議の議事録って書かなくていいの？　　議事録の取扱いを事業所で統一しよう！

3節　資料の作成③ 議事録の作成

❶ 第4表には議事録を記載する場所がない

　サービス担当者会議はケアチームの心を一つにし、覚悟を決める会議です。どのように議事が進行していったか、どのような流れからこの結論に至ったのか、を記録として残すことにより、利用者やチームの姿が見えてきます。

　しかし、本章第1節で第4表の記載要領を確認したとおり、第4表にはサービス担当者会議の議事録（話の流れや経緯）を記載するための欄や枠は設けられていません。このため、議事録を第4表に記載する事業所と、記載しない方がよいとする事業所に分かれている印象を受けます。

❷ 議事録はモニタリングの役割も担う

　なお、議事録を作成する場合も、しない場合にもいずれもメリット、デメリットがあります（表参照）。

　また、議事録を記載する作業は、ケアマネジャーがサービス担当者会議を振り返る時間となり、議事録を記載すること自体がサービス担当者会議の評価につながり、さらに議事録（記録）はモニタリングの役割も担います。

　ケアマネジャーは、議事録の作成の是非にばかりこだわるのではなく、大切なことは、第三者が見てわかる記載内容となっていることを忘れてはなりません。

表 ● 議事録を作成するメリットとデメリット

議事録を作成するメリット	議事録を作成するデメリット
● 会議の進行や意思決定の流れが明確になる ● 役割分担と責任の所在が明らかになる ● 欠席者も内容を把握しやすい　　　　　　　　など	● 作成の手間や時間がかかる ● 記録が冗長になり、要点がぼやける ● 第三者が確認する際に読み込む時間がかかる　　　　　　　　など

第三者が見てわかる内容（書類）とするために、事業所内で記載内容や記載場所をできるだけ統一するよう話し合うことが重要です。

表●議事録の取扱いの例（管理者に聞きました）

- 事業所のケアマネジャーの能力開発と、リスクマネジメントの両面から、第4表の検討結果に議事録を含めて作成するようにしている
- ただし、長い文章ではなく、誰が何を発言して、どのような結果になったのか？程度の短いものを残すこととし、作成の負担と後からの確認作業の負担が軽減できるよう配慮している

議事録を作成している事業所の管理者の話

- 作成しないことを基本としているが、以下の場合については、議事録を作成するよう、事業所で申し合わせている
  1. 初回の会議
  2. 4か所以上のサービス事業者が関わる場合
  3. 利用者の状態変化が大きい（区分変更を含む）
  4. 処遇困難事例の場合

一部のみ議事録を作成する事業所の管理者の話

- 以前は第4表に議事録を記載していたが、第4表の作成に時間がかかること、支援経過との重複が多いことなどから議事録については作成をしないことにした
- ただし、担当のケアマネジャーが必要と判断した場合には、支援経過に残し、事業所内で報告をしている

議事録を作成していない事業所の管理者の話

まとめ

- 議事録を作成する場合においては、以下の3点を心掛けたい
  ① 記憶が新しいうちに、できるだけ早く書き始める
  ② 評価やモニタリングとして活用することを意識する
  ③ 第三者が見ても状況がわかりやすいよう、事業所で内容や記載欄の統一を図る

参加者への事後連絡は？

会議をモニタリングにつなげよう！

4節　参加者への働きかけ

❶ サービス担当者会議の作業

　サービス担当者会議が終了したらできるだけ早めに事後作業を行います。サービス担当者会議終了後に、ケアマネジャーが行う主な作業は表のとおりです。

　なお、個別サービス計画の提出については、ケアマネジャーは提出を求める義務が法令（運営基準第13条第12号）に示されていますが、サービス事業所は、ケアマネジャーからの求めを受けた協力努力義務が通知に示されているだけです※。

　ケアマネジャーは、ケアプランと個別サービス計画が連動するよう、サービス担当者会議内もしくはその事後連絡の時点で、サービス事業所に個別計画書の提出を求めることが多いと思いますが、この**"提出を求めた"事実**を、第4表もしくは支援経過に残しましょう。

※　福祉用具貸与は除きます。

表●会議後のケアマネジャーの作業

1）記録を整える 　①ケアプラン原案の修正がある場合は、至急修正し、利用者及び担当者に交付する 　②サービス担当者会議の要点（第4表）をまとめる 　③第4表に記載しない必要な情報については、支援経過記録（第5表）などに記載する 　④個別サービス計画の提出を求め、ケアプランとの連動を確認する
2）利用者と家族の会議出席をねぎらい、感想等を確認する
3）出席者に会議出席に関する感謝の言葉と会議の概略を報告する
4）欠席者には会議の概略と次回の開催時期を連絡する

❷ 欠席者への連絡も忘れずに

　サービス担当者会議に出席してくれた担当者は、当該会議を通してケアプラン全体、利用者の目標に関する共通の理解を持ち、役割を共有しています。

　しかし、やむを得ず会議に欠席した担当者は、会議の全体像等をつかみにくく、さらに、自事業所の都合で欠席した場合には、ケアマネジャーに会議での様子などを事細かく質問ができる人ばかりではないでしょう。適切なサービスを提供するためにも、お互いの意思疎通と事務的ではなく、気持ちのこもったやり取りが重要です。出席者に出席に対する感謝や礼を尽くすとともに、欠席者への事後の連絡を大切にしましょう。

　欠席者への連絡（報告）の際には、事前連絡で使用したレジュメ（第3章第2節参照）の議題部分に、内容や決定事項を簡記し活用すると便利です。これにより、必要な情報を短時間で記載でき、かつ個人情報の使用を最小限に抑えることもできます。

❸ 会議をモニタリングに生かそう

　会議終了後の連絡は、充実したモニタリングにつなげるためにも重要です。

　モニタリングとは、ケアプランの実行状況の評価・確認です。これは、ケアマネジャーだけでできるものではありません。担当者から利用者や家族の変化について、具体的な内容で連絡がもらえるようモニタリングの視点などについて、ケアマネジャーとサービス事業所で共有をしておくことが必要です。

　なお、モニタリングの一番の担い手は利用者です。利用者にも変化や充実を実感してもらえる機会が提供できるように工夫してみましょう。その一つの手段として、介護予防支援で主に活用されている、基本チェックリストや興味・関心チェックシートなどのツールを使うこともお勧めです。既存の帳票なども柔軟に活用していきましょう。

まとめ

- 参加者（出席者・欠席者とも）に、事後連絡や報告をしよう
- 会議終了後の連絡は、モニタリングの役割の再確認や事業者との信頼関係構築にもつながる

表 ● サービス事業所が行う　モニタリングの視点・ポイント

- ☐ サービス利用に関する利用者の満足度はどの程度か？
- ☐ サービス利用に関する家族の満足度はどの程度か？
- ☐ サービス事業所との関係はどのようか？
- ☐ 身体的レベル（ADLやIADL）の変化はないか？
- ☐ 病状の変化はないか？
- ☐ 認知的な機能の変化はないか？
- ☐ 意欲の変化はないか？
- ☐ 新たに始めた行為（行動）や減少した行為（行動）はないか？
- ☐ 意欲及び行動の変化に伴う新たなリスク（危険性）や問題、課題などが発生していないか？
- ☐ 利用者の役割に変化はないか？
- ☐ 家族の役割に変化はないか？
- ☐ 利用者と家族の関係に変化はないか？
- ☐ ご近所との関係に変化はないか？
- ☐
- ☐
- ☐
- ☐
- ☐

※　必要に応じて（事業所の状況に合わせて）☐を追加して、ご利用下さい。

表 ● 興味・関心チェックシート

興味・関心チェックシート

氏名：＿＿＿＿＿＿＿＿＿＿　年齢：　　歳　性別（男・女）　記入日：H　　年　　月　　日

表の生活行為について、現在しているものには「している」の列に、現在していないがしてみたいものには「してみたい」の列に、する・しない、できる・できないにかかわらず、興味があるものには「興味がある」の列に○を付けてください。どれにも該当しないものは「している」の列に×をつけてください。リスト以外の生活行為に思いあたるものがあれば、空欄を利用して記載してください。

生活行為	している	してみたい	興味がある	生活行為	している	してみたい	興味がある
自分でトイレへ行く				生涯学習・歴史			
一人でお風呂に入る				読書			
自分で服を着る				俳句			
自分で食べる				書道・習字			
歯磨きをする				絵を描く・絵手紙			
身だしなみを整える				パソコン・ワープロ			
好きなときに眠る				写真			
掃除・整理整頓				映画・観劇・演奏会			
料理を作る				お茶・お花			
買い物				歌を歌う・カラオケ			
家や庭の手入れ・世話				音楽を聴く・楽器演奏			
洗濯・洗濯物たたみ				将棋・囲碁・ゲーム			
自転車・車の運転				体操・運動			
電車・バスでの外出				散歩			
孫・子供の世話				ゴルフ・グラウンドゴルフ・水泳・テニスなどのスポーツ			
動物の世話				ダンス・踊り			
友達とおしゃべり・遊ぶ				野球・相撲観戦			
家族・親戚との団らん				競馬・競輪・競艇・パチンコ			
デート・異性との交流				編み物			
居酒屋に行く				針仕事			
ボランティア				畑仕事			
地域活動（町内会・老人クラブ）				賃金を伴う仕事			
お参り・宗教活動				旅行・温泉			

出典：『平成25年度老人保健健康増進等事業医療から介護保険まで一貫した生活行為の自立支援に向けたリハビリテーションの効果と質に関する評価研究』一般社団法人日本作業療法士協会、2014年3月

第4表は交付しないとならないのか？　　　第4表の交付義務は
ないが、取扱いは
市町村によって異なる！

5節　第4表の交付義務と取扱い

❶ 第4表の交付義務はない

　ケアマネジャーは、居宅サービス計画（ケアプラン）の作成や変更の際には、サービス担当者会議を開催し、担当者の専門的見地からケアプランに関する意見を聴取しなければなりません（運営基準第13条第9号、同条第16号）。

　また、ケアマネジャーには、ケアプランの作成（変更）時に、「利用者及び担当者」へのケアプランの交付の義務があります（同基準同条第11号・第16号）。

表● 交付義務のある書類（ケアプラン）

居宅介護支援のルール
「居宅サービス計画」を利用者と担当者に交付する

表　居宅介護支援における「居宅サービス計画」に該当する帳票

第1表	居宅サービス計画書（1）
第2表	居宅サービス計画書（2）
第3表	週間サービス計画表
第6表	サービス利用票※
第7表	サービス利用票別表※

施設の介護支援のルール
「施設サービス計画」を利用者に交付する
（担当者への交付義務は付されていません）

表　施設の介護支援における「施設サービス計画」に該当する帳票

第1表	施設サービス計画書（1）
第2表	施設サービス計画書（2）

※実際には、第6表、第7表と同じ内容のサービス提供票、サービス提供票別表を作成し、交付します。

（注意）
標準様式のうち、「居宅サービス計画」に含まれていない「第4表：サービス担当者会議の要点」、「第5表：居宅介護支援経過」及び「施設サービス計画」に含まれていない、「第3表：週間サービス計画表」、「第4表：日課表」、「第5表：サービス担当者会議の要点」、「第6表：施設介護支援経過」については、ケアプランに準ずる書類と呼ばれています。ケアプランに準ずる書類については、交付義務はありませんが、作成、保存義務等のある書類ですから、適正な取扱いが必要です。

ここでいう交付義務のあるこのケアプランとは、居宅介護支援の場合、標準様式通知に示されている標準様式の**第1表～第3表、第6表、第7表**を指しています（解釈通知第二の（7）⑩）。

第4表は、ケアプランではなく、"ケアプランに準ずる書類"のため、担当者への交付義務のない書類です。サービス事業所の中には、当然のように第4表の交付を求めてくるところもありますが、交付義務が付されていない書類の交付については、原則として、利用者や家族はもちろん、その書類に掲載されている人たちに許可を取ったうえで交付する、受取り確認を徹底するなど個人情報保護に留意のうえ、慎重に取扱いましょう。

❷ 一般的に「正当な理由」とされるもの

第3章第1節にて確認しましたが、ケアマネジャーは、「正当な理由」なく、業務上知り得た秘密を漏らしてはなりません。この「正当な理由」については、介護保険法令や通知では、『このような状況ならば正当な理由とする』などの例などは示されていません。しかし、利用者や家族の許可を得ずに利用者や家族の秘密を漏らしても問題ないとされる「正当な理由」に該当する場合は、一般的に3つといわれています。

---

1. **秘密を漏えいしないことにより本人等に危害が加わる恐れがある場合**
   （例：大規模災害や緊急の事故　等）
2. **本人等が不正を行っている可能性がある場合**
   （例：認定調査の不正、介護サービスの不正利用　等）
3. **法令に規定されている場合**
   （例：担当者へのケアプランの交付）

連絡調整等を行う際のケアマネジャーの判断（"良かれと思って""交付した方がよいかな"など）は、「正当な理由」には含まれません。

また、1～3などは一般的といわれている内容ではありますが、「正当な理由」に該当するか否かで悩んだ場合は、ケアマネジャー一人で判断することは避け、事業所や事業者に確認しましょう。そして、事業所や事業者としての方針が決まってから、指導監督者（保険者等）に相談・助言を仰ぎ、対応しましょう。

❸ 第4表の交付のローカルルール

しかし、サービス担当者会議は、ケアチームの役割を分担しながら相互理解を図り、チームワークを深めることもねらいの一つです。第4表は、ケアチームの心を一つにしていく過程において、重要な帳票（書類）です。その書類を「交付義務がないから交付しない」と決めつけてしまってもよいのでしょうか？

このため、保険者や団体等によっては、次のようなルールを定めて運用している場合や、集団指導などを通じて指導をしている場合もあります。

表 ● 保険者等の指導の例

- 援助の一貫性を保つため、利用者の同意を得たうえで第4表を担当者に交付をするように努めること
- サービス事業所の個別サービス計画の質の向上のため、ケアマネジャーはサービス事業所に第4表を交付するように努めること
- 個人情報保護の観点から、原則として交付義務のない書類については開示請求以外での交付は行わないこと

など

市町村等が定めたローカルルール（地域独自のルール）がある場合には、それに従いましょう。

まとめ

- ケアマネジャーは正当な理由なく、利用者の秘密を漏らしてはならない
- 第4表は、ケアチームの心を一つにしていく重要なものだが、法令上の交付義務はない書類
- 第4表の交付をする際には、個人情報に留意したうえで適切に取扱い、ローカルルールがある場合には従おう

コ ラ ム

サービス担当者会議チェックシート　［見本例］

事前準備
- ☐ ☐ 本人と家族から個人情報の使用に関する同意を包括的に受けているか？
- ☐ ☐ 参加予定者をケアプラン原案に位置づけているか？
- ☐ ☐ 配布する書類が準備できているか？
- ☐ ☐ ケアマネジャーの手持ち資料が準備できているか？
- ☐ ☐ 欠席予定者への事前照会が済んでいるか？

当日
- ☐ ☐ 開催目的や内容に合わせた参加予定者になっていたか？
- ☐ ☐ 本人・家族が主体的に会議に参加できたか？
- ☐ ☐ 本人を含むケアチームで必要な情報が共有できたか？
- ☐ ☐ 専門的な意見が聴取できたか？
- ☐ ☐ ケアチームで合意形成がなされたか？
- ☐ ☐ 緊急時の対応について確認がされたか？
- ☐ ☐ 介護保険以外の資源にも目を向けられたか？
- ☐ ☐ 会議の内容を反映し、ケアプランの修正ができたか？
- ☐ ☐ つみ残した課題の担当者が明確になったか？
- ☐ ☐ 次回の開催時期と内容を確認できたか？
- ☐ ☐ 回収が必要な資料を回収ができたか？

事後
- ☐ ☐ 会議の要点（第4表）を速やかに記載したか？
- ☐ ☐ 会議の要点（第4表）を適切に保存できたか？
- ☐ ☐ 参加者へ感謝と会議の概略の連絡を済ませたか？
- ☐ ☐ 欠席者に会議の概略と次回の開催時期の連絡を済ませたか？

一つ目の☐は　理解できていれば ☑
二つ目の☐は　今回のサービス担当者会議で実施できていれば ☑

6節　第4表の交付の裏技

第4表を交付したいときはどうしたらよいの？

第4表の交付を可能にする法令を確認！

❶ 第4表を交付する方法

利用者の自立支援のためには、ケアチームの連携・協働が欠かせません。ケアを効果的・効率的に提供するためには、居宅介護支援事業所とサービス事業所との連携は必要不可欠です。

このため、実務においては、第4表を交付する、しないという点だけにこだわるのではなく、どのように担当者と連携するか（方法）を考えるべきでしょう。

なお、法人の方針で、運営基準第15条を活用し、利用者に第4表を交付し、それを希望する事業所が利用者に確認の上、複写する、という方法を選択している事業所もあります。

> （利用者に対する居宅サービス計画等の書類の交付）
> 第15条　指定居宅介護支援事業者は，利用者が他の居宅介護支援事業者の利用を希望する場合，要介護認定を受けている利用者が要支援認定を受けた場合その他利用者からの申出があった場合には，当該利用者に対し，<u>直近の居宅サービス計画及びその実施状況に関する書類</u>を交付しなければならない．

注：第4表は、ここでいう「実施状況に関する書類」に該当します。

表 ● 運営基準第15条を活用して第4表を交付する場合の手順の例

> ①利用者からの申出（依頼）を受け、作成した第4表を利用者に交付します。
> ▼
> ②交付した第4表は、フラットファイルなどに、利用者・家族・担当者が確認可能な状態で綴じこみ、保存します。
> ▼
> ③第4表の交付を受けたい担当者は、利用者から許可を得たうえで、各自で複写等をします。

❷ 第4表を交付しないことを先に宣言する方法

　しかし、事業者の個人情報保護の方針などから、運営基準第15条を使って機械的に利用者に交付する方法は望ましくない、との理由から第4表の交付をしない場合もあると伺っています。

　このような場合に、第3章第6節で説明したとおり、事前に交付した会議の概要を当日も持参いただき、各自でメモを取ってもらうようにしているケアマネジャーもいます。会議は、会して議論し、結論を導くことを目的としています。あとから第4表をもらえばよい、という思いで参加してもらうよりも、第4表の交付がないほうが、会議への出席率が上がったり、会議中の議論や結論を各自に記載してもらうことにより、主体的な会議への参加を促したりすることにもつながる様子です。

　繰り返しとなりますが、第4表の交付の有無だけに固執するのではなく、利用者を支援するためにどのような取組みが望ましいのかについて、ケアチーム全体で考えることから始めてみましょう。

表 ● 第4表を交付しない場合の手順の例

①第4表は交付義務のない書類であることをサービス事業所に伝えておく

▼

②会議開催の調整時に、第4表は交付義務のない書類のため、事後に交付できないことをあらかじめ伝えておく

▼

③会議当日に「会議メモ（第4表と同様の内容が記載できるもの）」などを配布し、参加者各自がメモして持ち帰れるようにする

まとめ

- 第4表の交付の有無に固執せず、会議への主体的な参加やその後のケアチームの連携・協働に生かせる工夫を考えよう

MEMO

第 6 章

要支援者の
サービス担当者会議
～介護との相違点～

　第6章では、介護予防支援におけるサービス担当者会議を中心に確認します。
　居宅介護支援に比べて、非専門職の参加が多いことも要支援者のサービス担当者会議の特徴です。
　利用者や家族の意欲を維持させるための道具（ツール）や、インフォーマルサポートを含めた適切な支援を提供するために必要な知識について、改めて確認をしていきましょう！

居宅介護支援との相違点は？　　　　　　　　　介護予防支援を再確認！

1節　介護予防支援の定義

❶ 介護予防支援の定義

　法第8条の2第16項に示されている「介護予防支援」の定義を抜粋すると次のようになります。

> ・居宅要支援者が指定介護予防サービス等の適切な利用等をすることができるよう、当該居宅要支援者の依頼を受けて、その心身の状況、その置かれている環境、当該居宅要支援者及びその家族の希望等を勘案し、介護予防サービス計画（以下、予防プラン）を作成する
> ・当該予防プランに基づく指定介護予防サービス等の提供が確保されるよう、介護予防サービス事業者等や特定介護予防・日常生活支援総合事業を行う者等との連絡調整その他の便宜の提供を行うこと

❷ 介護予防支援提供にあたっての留意点

　また、介護予防支援については、利用者の要支援状態の改善又は悪化の防止という**介護予防の効果を最大限発揮する**ために留意すべき事項が予防基準第31条に定められています。

　サービス担当者会議については、同条第5号において、「サービス担当者会議等を通じて、多くの種類の専門職の連携により、地域における様々な予防給付の対象となるサービス以外の保健医療サービス又は福祉サービス、当該地域の住民による自発的な活動によるサービス等の利用も含めて、介護予防に資する取組を積極的に活用すること」とされています。

　ケアマネジャーとして、会議に参加する他職種の高い専門性をひき出しながら、自身の専門性も反映させていきましょう。

❸ 既存の帳票を有効活用しよう

　介護予防の効果を最大限発揮するためにケアマネジャーは、既存の帳票も上手に活用しましょう。利用者の基本的な生活を利用者自身が振り返ることのできる「基本チェックリスト」や、利用者の意欲を喚起する「興味・関心チェックシート」、サービスの利用前後の身体状況についてケアチームで客観的に確認できる「バーセル・インデックス」など、利用者の積極的な取組みの継続や、ケアチームによる効果的な支援を実現するために使いこなしましょう。

図 ● 機能低下と悪循環

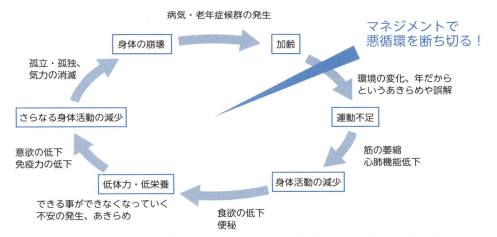

出典：Berger, B.G. and Hecht, L.M.(1989). Exercise, again and psychological well-being: the mind-body question. In A. Ostrow (Ed.) Aging and Motor Behavior(117-157) Indianapolis: Benchmark Press, Inc.を参考に著者作成

まとめ

- 「介護予防支援」とは、予防プランを作成し、当該予防プランに基づく指定介護予防サービス等の提供が確保されるよう、連絡調整その他の便宜の提供を行うこと
- 介護予防支援においては、利用者の要支援状態の改善又は悪化の防止という介護予防の効果を最大限発揮する必要がある

表 ● 基本チェックリスト

No.	質問項目	回答（いずれかに○をお付けください）	
1	バスや電車で1人で外出していますか	0 はい	1 いいえ
2	日用品の買い物をしていますか	0 はい	1 いいえ
3	預貯金の出し入れをしていますか	0 はい	1 いいえ
4	友人の家を訪ねていますか	0 はい	1 いいえ
5	家族や友人の相談にのっていますか	0 はい	1 いいえ
6	階段を手すりや壁をつたわらずに昇っていますか	0 はい	1 いいえ
7	椅子に座った状態から何もつかまらずに立ち上がっていますか	0 はい	1 いいえ
8	15分位続けて歩いていますか	0 はい	1 いいえ
9	この1年間に転んだことがありますか	1 はい	0 いいえ
10	転倒に対する不安は大きいですか	1 はい	0 いいえ
11	6か月間で2~3kg以上の体重減少がありましたか	1 はい	0 いいえ
12	身長　　　cm　体重　　　kg　（BMI＝　　　）（注）		
13	半年前に比べて固いものが食べにくくなりましたか	1 はい	0 いいえ
14	お茶や汁物等でむせることがありますか	1 はい	0 いいえ
15	口の渇きが気になりますか	1 はい	0 いいえ
16	週に1回以上は外出していますか	0 はい	1 いいえ
17	昨年と比べて外出の回数が減っていますか	1 はい	0 いいえ
18	周りの人から「いつも同じ事を聞く」などの物忘れがあると言われますか	1 はい	0 いいえ
19	自分で電話番号を調べて、電話をかけることをしていますか	0 はい	1 いいえ
20	今日が何月何日かわからない時がありますか	1 はい	0 いいえ
21	（ここ2週間）毎日の生活に充実感がない	1 はい	0 いいえ
22	（ここ2週間）これまで楽しんでやれていたことが楽しめなくなった	1 はい	0 いいえ
23	（ここ2週間）以前は楽にできていたことが今はおっくうに感じられる	1 はい	0 いいえ
24	（ここ2週間）自分が役に立つ人間だと思えない	1 はい	0 いいえ
25	（ここ2週間）わけもなく疲れたような感じがする	1 はい	0 いいえ

（注）BMI＝体重(kg)÷身長(m)÷身長(m)が18.5未満の場合に該当とする

事業対象者に該当する基準

①	No.1~20までの20項目のうち10項目以上に該当	（複数の項目に支障）
②	No.6~10までの5項目のうち3項目以上に該当	（運動機能の低下）
③	No.11~12の2項目のすべてに該当	（低栄養状態）
④	No.13~15までの3項目のうち2項目以上に該当	（口腔機能の低下）
⑤	No.16~17の2項目のうち、No.16に該当	（閉じこもり）
⑥	No.18~20までの3項目のうちいずれか1項目以上に該当	（認知機能の低下）
⑦	No.21~25までの5項目のうち2項目以上に該当	（うつ病の可能性）

（注）この表における該当（No.12を除く。）とは、様式第一の回答部分に「1.はい」又は「1.いいえ」に該当することをいう。
　　　この表における該当（No.12に限る。）とは、BMI＝体重(kg)÷身長(m)÷身長(m)が18.5未満の場合をいう。

表 ● バーセル・インデックス評価表

バーセルインデックス（Barthel Index 機能的評価）

		点数	質問内容	得点
1	食事	10	自立、自助具などの装着可、標準的時間内に食べ終える	
		5	部分介助（たとえば、おかずを切って細かくしてもらう）	
		0	全介助	
2	車椅子から ベッドへの 移動	15	自立、ブレーキ、フットレストの操作も含む（非行自立も含む）	
		10	軽度の部分介助または監視を要する	
		5	座ることは可能であるがほぼ全介助	
		0	全介助または不可能	
3	整容	5	自立（洗面、整髪、歯磨き、ひげ剃り）	
		0	部分介助または不可能	
4	トイレ 動作	10	自立（衣服の操作、後始末を含む、ポータブル便器などを使用している場合はその洗浄も含む）	
		5	部分介助、体を支える、衣服、後始末に介助を要する	
		0	全介助または不可能	
5	入浴	5	自立	
		0	部分介助または不可能	
6	歩行	15	45M以上の歩行、補装具（車椅子、歩行器は除く）の使用の有無は問わず	
		10	45M以上の介助歩行、歩行器の使用を含む	
		5	歩行不能の場合、車椅子にて45M以上の操作可能	
		0	上記以外	
7	階段 昇降	10	自立、手すりなどの使用の有無は問わない	
		5	介助または監視を要する	
		0	不能	
8	着替え	10	自立、靴、ファスナー、装具の着脱を含む	
		5	部分介助、標準的な時間内、半分以上は自分で行える	
		0	上記以外	
9	排便 コントロール	10	失禁なし、浣腸、坐薬の取り扱いも可能	
		5	ときに失禁あり、浣腸、坐薬の取り扱いに介助を要する者も含む	
		0	上記以外	
10	排尿 コントロール	10	失禁なし、収尿器の取り扱いも可能	
		5	ときに失禁あり、収尿器の取り扱いに介助を要する者も含む	
		0	上記以外	
			合計得点（　　／１００点）	

※1　得点：0〜15点　　※2　得点が高いほど、機能的評価が高い。

出典：厚生労働省通知「診療報酬の算定方法の一部改正に伴う実施上の留意事項について」（平成30年3月5日保医発0305第1号）

要介護者との違いは？

介護予防支援における会議の基本を再確認！

2節 介護予防支援におけるサービス担当者会議

❶ サービス担当者会議の目的と会議の効果

　サービス担当者会議は、原則として予防プランの作成・変更時に開催します。サービス担当者会議の目的は、①利用者の状況等に関する情報を担当者と共有すること②予防プランの原案の内容について、担当者から、専門的な見地からの意見を求めることです（予防基準第30条第9号）。

　サービス担当者会議の開催により、以下のような効果が期待できます。

> ①利用者やその家族の生活全体及びその課題を共通理解する
> ②地域のフォーマル・インフォーマルのサポートに関する情報を共有し、その役割を理解する
> ③利用者の課題、生活機能向上の目的、支援の方針、支援計画等を協議する
> ④予防プランにおけるサービス事業所等の役割を明らかにする

　また、サービス担当者会議には、予防プラン作成者（以下、ケアマネジャー）が、議題の内容に沿った効果的な検討ができるよう参加者を選定します。居宅介護支援と同様に、サービス担当者会議は「担当者」を召集して行う会議です。サービス事業所・主治医・関係機関の職員・地域住民等のインフォーマルサポート等、利用者の望む生活の構築や継続に必要な人や職種、事業所などは、予防プラン原案に事前に位置づけたうえで召集しましょう。

　なお、担当者を召集する際には、サービス担当者会議の目的や会議のねらいについてもあらかじめ伝えておきます。目的等を具体的に伝えることで、参加者自身や事業所が会議において期待されている役割やそれにあわせた準備が整えやすくなるため、当日の進行が円滑になります。

❷ サービス担当者会議の開催時期と内容

介護予防支援におけるサービス担当者会議の開催時期は、以下の場合が想定され、これは居宅介護支援とほぼ同様です。

> ①予防プラン作成・変更時（予防基準第30条第9号・第18号）
> ②要支援更新認定を受けた場合（同条第17号）
> ③要支援状態区分の変更の認定を受けた場合（同条第17号）
> ④予防プランに介護予防福祉用具貸与を位置づける場合は必要に応じて随時（同条第24号）
> ⑤その他・臨時的開催

また、介護予防サービス計画作成時の会議では、おもに以下の内容を協議します。
①利用者の生活状況と予防プランの内容
②サービス提供・支援の順序や調整、提供時の配慮
③各サービス・支援の計画作成のための二次的アセスメント

このため、特に予防プラン変更時や臨時的開催時は、**会議開催の目的を明確化**し、サービスや提供内容の変更を確認することはもちろんですが、変更が必要となった利用者の状態についても**情報を共有**することが重要になります。

まとめ

- サービス担当者会議の目的は、①利用者の状況等に関する情報を担当者と共有すること ②予防プランの原案の内容について、担当者から、専門的な見地からの意見を求めること
- 利用者の望む暮らしの達成に必要な職種などは、予防プラン原案に事前に位置づけ、担当者にしたうえでサービス担当者会議に召集する
- 担当者を召集する際には、サービス担当者会議の目的や会議のねらいについても伝えておくと当日の進行が円滑になる

会議準備のポイントは？　　　**準備のコツなどを確認しよう！**

3節 予防支援におけるサービス担当者会議の準備

個人情報保護と入念な準備

　居宅介護支援とほぼ同じですが、介護予防支援においては、利用者の生活全般を総合的に支援することが必要という視点から、工夫が必要になります（表参照）。

　特に守秘義務の遵守については、準備段階からこころを配りましょう。個人情報保護の観点から、**会議で配布した資料等は回収**することを前提として作成します。

　特にインフォーマルサービスの担い手等、地域住民が会議に出席する場合は、その出席の是非について事前に利用者の確認をとるとともに、参加者に対しては、誓約書などを使って守秘義務があることを具体的に説明し、会議前に理解を得ておく必要があります。

表 ● サービス担当者会議に向けた準備と留意点

準備すること	留意点
利用者や家族の理解を得る	・参加を強制するのではなく、利用者や家族にサービス担当者会議の目的や内容を十分説明し、理解を得たうえで、参加を検討できるようにする ・会議に出席を依頼したい人について、利用者等に事前に伝え了解を得ておく
個人情報の取扱いについて確認する	・特に専門職以外の参加者に対し、個人情報の取扱いに関する説明を行う。また、必要があれば誓約書※等を用意する
担当者に参加を依頼する	・会議の目的を明確に伝えて参加を依頼することで、参加者の会議に向けた準備を整える
会場の準備をする	・会議開催場所の法令・通知上の取り決めはないが、利用者の生活状況等を把握するためにも利用者の自宅が望ましい ・必要に応じてサービス事業所の相談室等、利用者や参加者の集まりやすい場所で開催する ・話し合いがしやすい距離や座席の配置など会場設営にもこころを配ろう

※　誓約書の見本を参照

3節 予防支援におけるサービス担当者会議の準備

表 ● 個人情報に関する誓約書の見本例

誓約書

（利用者氏名）　殿

　サービス担当者会議（会議にあたっての連絡調整等全て含む。）において知り得た利用者及び家族の個人情報（生存する個人に関する情報であり、当該情報に含まれる氏名、生年月日その他の記述等により特定の個人を識別することができることとなるもの（他の情報と容易に照合することができ、それにより特定の個人を識別することができるものを含む情報。）。以下、「個人情報等」という）の保護のため、下記事項の遵守及び全ての個人情報等について守秘を誓約します。

記

1. 個人情報保護に関する法令並びに介護予防支援事業者（若しくはその委託を受けた居宅介護支援事業者）の指示等に従い、情報の取扱方法を厳守し、個人情報等の保護を徹底して行います。
2. 個人情報等について、不正に使用し又は第三者に漏えいはしません。また、第三者に個人情報等が漏えいするおそれのある全ての行為を行いません。
3. 上記各項の誓約に違反し、個人情報等が第三者等に漏えいした結果、利用者本人や関係者や被った被害について、賠償等の全ての責任を負います。
4. 個人情報等の盗難、紛失、漏えい等の事故が生じ又は生じるおそれがあることを知った場合は、速やかに介護予防支援事業者（若しくはその委託を受けた居宅介護支援事業者）に報告します。

以上

年　　　月　　　日

住所＿＿＿＿＿＿＿＿＿＿＿＿＿＿＿＿＿＿＿＿＿＿＿＿＿＿＿

氏名＿＿＿＿＿＿＿＿＿＿＿＿＿＿＿＿印

まとめ

- 専門職以外が参加することも多いため、利用者の事前の了承を得たうえで、参加者に対して守秘義務に関する同意を得ておく

会議の司会進行のコツは？

4節　会議の司会進行

ポイントを押さえて司会進行！

❶ サービス担当者会議の司会進行

ケアマネジャーが主宰者となり、意見交換を行いながら予防プランの原案を最終決定に導きます。

多職種（専門職だけに限らず、地域住民等も含む）が参加する場合も多いため、認識にずれが生じないよう配慮することも必要です。

併せて司会進行の際には、脱線・逸脱した場合の修正についても事前に仕掛けをしておくことをお勧めします。会議の開始時に「会議の目的」や「主な議題や内容」などについて、ケアマネジャーから参加者に伝えます。こうすることによって、会議中に脱線した場合や、議論が散漫になった場合などに、本来の目的に戻しやすくなります。

❷ 十分な議論から結果を導く

「会して議論し、結論を出す」ために実施する、会議の司会進行にあたっては、報告や説明の時間を少なくし、みなが十分議論できるよう配慮します。

また、議論の際には、"会議の目的を明確にし、目的に沿った検討を促進させる""多職種協働のメリットを最大限に生かす"

表● 司会進行を効率的に行うポイント

- 会議を効率的に進めるためにケアマネジャーが事前に議題を示し、参加者が予め意見をまとめてくる等の工夫をする
- 会議においては専門職、非専門職にかかわらず、参加者が自由に意見を述べられるように配慮する
- 近隣住民等が参加する場合には、利用者の今までの暮らしなど生活者としての視点からの意見を求める
- 参加者の認識がずれないよう、話し合われる内容をその都度まとめながら、情報共有を図る

"情報を整理し、**参加者で共有**する"といった視点を意識します。

なお、やむを得ず参加できない担当者には、事前にサービス担当者に対する照会等により、専門的見地より意見を受け、ケアマネジャーが伝達することにより会議で共有します。照会の理由を記録する際は、「時間の調整が困難」等の記載ではなく、具体的にどのように調整したかなどについても記録を残すとよりよいでしょう。

表 ● サービス担当者"会議"を評価する際のポイント

1. 個人的要因（利用者の事情）と環境的要因（人的・物的・制度的な事情）が多面的に理解できているか？
2. 次のような課題を中心とした情報の収集ができているか？
   ① 利用者は何を課題だと考えているか？
   ② 課題は生活にどのような障害を引き起こしているか？
   ③ 利用者はどのような状態や状況を望んでいるのか？
   ④ 利用者はどのような支援を望んでいるのか？
   ⑤ 利用者と家族の関係性はどうか？
   ⑥ 利用者と知人、友人、近隣住民等との関係性はどうか？
   ⑦ 家族は課題をどのように認識し、どのような意向を持っているか？
3. 課題と背景要因（因果関係）を包括的に理解できたか？

まとめ

- ケアマネジャーが主宰者となり、意見交換を行いながら予防プランの原案を最終決定に導く
- 多職種が参加する場合も多いため、認識にずれが生じないよう配慮する
- 司会進行にあたっては、"目的に沿った検討を促進させる""多職種協働のメリットを最大限に生かす""情報を整理し、参加者で共有する"といった視点を意識する

会議後の事務は？　　　　　　　　　会議後も手を抜かないで！

5節　会議後の事務を再確認

❶ まずは記録を残す

　サービス担当者会議終了後の事務は多岐にわたりますが、まずは、記憶が新しいうちにサービス担当者会議の結果をまとめます。

　サービス担当者会議の記録について「サービス担当者会議の要点（第4表）」への記載が原則となっている居宅介護支援とは異なり、介護予防支援については、介護予防支援経過記録に記載します（介護予防支援経過記録には「別紙参照」として、「サービス担当者会議の要点（第4表）」の活用も可能です）。

　記載の際には、会議の結果や今後の援助方針が具体的にわかるよう、①出席者（所属・職種・氏名）　②開催した目的　③検討した内容　④結論と今後の方針　⑤残された課題　を簡潔にまとめます。当然のことですが、個人情報の取扱いに留意し、不必要な個人情報まで残さないよう注意します。

❷ 会議の結果や成果をフィードバックする

　多様な主体によるサービスが連携して提供されるよう配慮するためにも、サービス担当者会議後の結果の伝達や、検討内容や役割分担等についての再確認は重要です。

　また、会議中には結論まで結び付けられなかった内容や、ポイントが絞り切れなかったという場合は、再度サービス担当者会議を開催し検討を継続するか、ある程度の期間をとってから再検討とするかなどを参加者に確認し、決定をします。

　会議を欠席した担当者には、担当者会議の内容をケアマネジャーから伝達し、情報の共有を図ります。

　"専門職は記憶ではなく記録で働く"は、よく耳にする言葉です。記録と結果の連絡は事後の役割に欠かせない作業なのです。

表 ● 介護予防支援経過記録の記載要領

介護予防支援・介護予防ケアマネジメント（第1号介護予防支援事業）
経過記録（サービス担当者会議の要点を含む）

利用者氏名	利用者の氏名を記載する。		計画作成者氏名	計画作成者の氏名を記載する。
年月日	内容	年月日	内容	

> 訪問、電話、サービス担当者会議等での連絡や相談、決定事項等があった場合その日付と相談や会議内容、決定事項等の内容を記載する。事業所から報告書等が提出された場合は、ここに添付する。ここでは、事実の記載は最重要事項であるが、その事実に基づきケアプランの修正が必要と考えられた場合などは、記録を残すことも重要である。

※1 　介護予防支援・介護予防ケアマネジメント（第1号介護予防支援事業）経過記録には、具体的には、時系列に出来事、訪問の際の観察（生活の活発さの変化を含む）、サービス担当者会議の内容、利用者・家族の考えなどを記入し、介護予防支援・介護予防ケアマネジメント（第1号介護予防支援事業）や各種サービスが適切に行われているかを判断し、必要な場合には方針変更を行うためのサービス担当者会議の開催、サービス事業所や家族との調整などを記入する。
※2 　サービス担当者会議を開催した場合には、会議出席者（所属（職種）氏名）、検討した内容等を記入する。

まとめ

- サービス担当者会議が終了したら、記憶が新しいうちにサービス担当者会議の結果を介護予防支援経過記録などにまとめる
- サービス担当者会議終了の際には、検討内容や役割分担等についての再確認を行い、積み残された検討課題についても確認する

6節 モニタリングを地域づくりに生かす

モニタリングのために会議で決めるべきことは？

一人の課題は地域の課題！

❶ モニタリングの充実を図る

　介護予防支援においては利用者の生きがいや自己実現のための取組みも含めて利用者の生活全般を総合的に支援することが必要です。このため、利用者を含めたケアチームによるモニタリングが重要になるのです。

　モニタリングを充実させるために、ケアマネジャーは、サービス事業者や利用者との日常的な連絡調整を通じて信頼関係を築き、幅広くかつ多角的な視点から情報を収集できる環境を整えます。

　そして、サービス担当者会議で決定したサービス等を適切に提供しモニタリングをするためにも、明確な役割分担を行い、①誰がいつまでにどのような支援や対応を行うのか？　②①の情報を誰に集約するのか？　についても明確にします。

　また、モニタリングの結果を受け、予防プランの変更の必要はないか？　臨時的なサービス担当者会議の開催の必要性はないか？　などから、再度サービス担当者会議にて検討を行うなどの判断をします。

❷ 利用者の理解を深めることが地域の理解を深める

　多職種が参加するサービス担当者会議のメリットとして、それぞれの専門性により把握した利用者の情報を共有していく中で、利用者のアセスメントがより深まると同時に、多職種による支援チームの形成や、フォーマル・インフォーマルの枠を超えたさまざまな地域資源を活用し、つなぎ合わせるといったことが期待されます。

　サービス担当者会議後のモニタリングにおいては、利用者の生活課題の解決に向けた取組みを重ねると同時に、地域課題を発見する重要な機会であるという意識をもちましょう。利用者の課題の中に地域の問題や課題が含まれていることも多く、利用者の課題解決の取組みが、地域課題の発見につながることも多いからです。

個々の利用者の課題から発見した具体的な地域課題を解決する取組みは、利用者の住みやすい街をつくると同時に、地域への愛着形成につながります。サービス担当者会議を通じて、自助や互助の力を強め、共助や公助を適切に使うこと、利用者らしく暮らせる社会資源としての地域をつくることもケアマネジャーに期待されるソーシャルアクションの一つといえるでしょう。

図 ● 個別課題の発見と解決を地域づくりにつなぐ

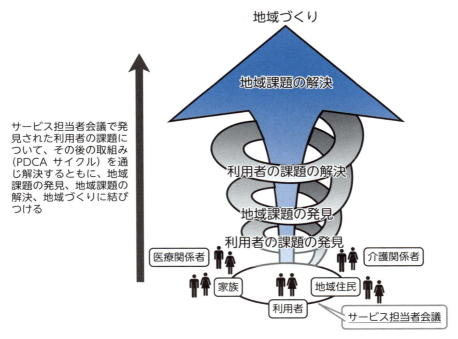

まとめ

- モニタリングを充実させるためにも、明確な役割分担を行う
- 利用者一人ひとりの課題は、地域の課題となっているものも多い。利用者の課題解決に向けた取組みは、ケアマネジャーに期待されるソーシャルアクションである

第 7 章

多職種連携への展開

第7章では、サービス担当者会議と似て非なる会議の解説や、多職種連携や地域づくりへ展開するために必要な知識についてまとめました。

サービス担当者会議で出された利用者の課題の中には、地域の課題となるものも含まれています。

サービス担当者会議で発見した課題を解決に結びつけるためにも、ケアマネジャーとしてソーシャルアクションを起こしましょう！

連携とは何か？

1節 チームケアに必要な連携

連携の意味と目的を再確認！

❶「連携」の意味

「連携」とは、**対等な立場で協力・連絡し合うこと**です。介護支援の現場においては、連携することそのものが目的になってしまうことや、医師等に質問をすることを連携と勘違いしているような状況もあると聞いています。

連携の必要性が叫ばれている中、連携しないことを不安に感じ、過度な連絡や不急の調整をしたい心理になるかもしれません。しかしそのようなときは、「なぜ」「誰のため」「何を」という基本的な事項を確認するとともに、**連携の目的をケアチームに伝え共有**すること（連携できたことによりもたらされた結果の報告を含む）の労力を惜しんでないか？　振り返りたいものです。連携とは、協力・連絡し合うこと、一方通行の伝達を連携とは呼ばないのです。

表●専門職間連携の利点と欠点

利　点	欠　点
①利用者の問題解決 　適切な計画、迅速な実施、創造的解決、質の向上	①利用者の不利益 　依存性を増す可能性、個人情報が漏れやすい
②効率性 　より多くの資源を活用可能	②非効率的 　意見調整に時間がかかる
③専門職の利益 　能力向上、人格発達、環境改善、情緒的支援	③専門職の不利益 　役割混乱や葛藤の出現、意見の斉一性からの圧力

出典：松岡千代著「ヘルスケア領域における専門職間連携 ソーシャルワークの視点からの理論的整理」『社会福祉学』vol.40-2、2000年（P17〜38）を参考に著者作成

❷ チームケアの利点と欠点

　複数かつ多岐にわたることが多い利用者の生活課題を発見し、達成に結びつけていくためには、柔軟な対応が求められます。このため、方向性や目的を共有した多機関の連携・協働が必要不可欠であり、この連携・協働する多機関が一つのチームとして機能していく必要があります。

　しかし、チームや集団（グループ）は万能ではありません。集団特有の望ましくない心理（集団思考など）が働きやすい状況も生じることや、チームの成長による変化も生じます。また、専門職連携にはメリットだけではなく、デメリットもあるといわれています。

　ケアマネジャーは、チームケアのメリットを最大限活用できるよう、意識的に働きかける職種です。だからこそ、集団や連携のメリットとデメリットの両方を理解する必要があります。そして、チームケアのよりよい実践ができるよう調整する役割を担うのです。

表●集団（グループ）心理のデメリット例

用語	用語の意味	備考
社会的手抜き	集団で共同作業を行う時に一人当たりの課題遂行量が人数の増加に伴って低下する現象	リンゲルマン効果、フリーライダー（ただ乗り）現象、社会的怠惰とも呼ばれる
集団思考	集団が合議によって意思決定を行うとき、集団の強い結束がマイナス方向に作用して、個人で決定を下す場合よりもしばしば愚かで不合理な決定を行ってしまう傾向のこと	集団的浅慮とも呼ばれる
リスキーシフト	大勢の集団の中では、その成員が極端な言動を行ってもそれを特に気に掛けもせずに同調したり、一緒になって主張したりするようになっていくことをいう。集団思考の一つと考えられている	集団が集団として何らかの決定に関しての議論の経過で、性急に合意形成を図ろうとした場合に、リスキーシフトが起きやすいといわれる

> **まとめ**
> - 生活課題を達成するためには、方向性や目的を同じくしながらも、柔軟な対応が求められる
> - 臨機応変に対応できる柔軟性を保ちつつ、全体的な支援の枠組みを維持するためには、役割分担と目標の共通理解が必要

> 連携することの利点って何？

> 職種が違う者同士で同じ方向を向くために！

2節 ケアマネジャーに求められる"連携"

❶ 法令上の規定を再確認

　居宅介護支援事業者やケアマネジャーには、運営基準（法令）に、連携に関する努力義務などが示されています。特に、2018年4月からは、運営基準第1条の2第4項に、指定特定相談支援事業者との連携の努力義務が追加施行されたことからも、今後は障害福祉分野との連携もますます盛んになることが推測されます。

　なお、居宅介護支援事業者、ケアマネジャーなどには、運営基準第25条などの規定により、公正中立な業務が義務づけられています。併せて確認をしておきましょう。

❷ 連携の恩恵を受けるのは利用者だけではない

　連携のメリットを享受するのは、利用者

表 ●「連携」に関する法令上の規定（居宅介護支援に関すること）

運営基準第1条の2第4項（基本方針）　　抜粋

> 　指定居宅介護支援事業者は、事業の運営に当たっては、市町村、地域包括支援センター、老人介護支援センター、他の指定居宅介護支援事業者、指定介護予防支援事業者、介護保険施設、指定特定相談支援事業者等との連携に努めなければならない。

同第12条第1項（指定居宅介護支援の基本取扱方針）

> 　指定居宅介護支援は、要介護状態の軽減又は悪化の防止に資するよう行われるとともに、医療サービスとの連携に十分配慮して行われなければならない。

同第13条（指定居宅介護支援の具体的取扱方針）
第25号（指定介護予防支援事業者との連携）

> 　介護支援専門員は、要介護認定を受けている利用者が要支援認定を受けた場合には、指定介護予防支援事業者と当該利用者に係る必要な情報を提供する等の連携を図るものとする。

※下線は著者加筆

だけではありません。利用者を支援するサービス事業所等にとっても連携をすることで得られる大きなメリットがあります。

ケアチームが連携の必要性とメリットの大きさをサービス担当者会議で実感することは、さらなる（未来への）連携につながります。参加者が連携のメリットを実感できるよう、ケアマネジャーは意識的に働きかけることが求められているのです。連携によりもたらされる事業所側のメリットとしては、次の表のようなものが考えられます。

表●連携によりもたらされる事業所側のメリット

- **ケアの質の確保**
  （多角的な情報収集と包括的なアセスメントにより、多様なニーズへの対応が可能となる）
- **専門性の向上**
  （個々人が行う質の確保や人財育成）
- **役割や負荷の分散**
  （効率的な援助方法の提案や役割分担によるバーンアウトの予防）

表●公正中立な業務に関する法令上の規定（居宅介護支援）

運営基準第1条の2第3項（基本方針）　　抜粋

> 指定居宅介護支援事業者は、指定居宅介護支援の提供に当たっては、利用者の意思及び人格を尊重し、常に利用者の立場に立って、利用者に提供される指定居宅サービス等が特定の種類又は特定の指定居宅サービス事業者等に不当に偏することのないよう、公正中立に行われなければならない。

同第25条（居宅サービス事業者等からの利益収受の禁止等）

> 指定居宅介護支援事業者及び指定居宅介護支援事業所の管理者は、居宅サービス計画の作成又は変更に関し、当該指定居宅介護支援事業所の介護支援専門員に対して特定の居宅サービス事業者等によるサービスを位置付けるべき旨の指示等を行ってはならない。
> 2　指定居宅介護支援事業所の介護支援専門員は、居宅サービス計画の作成又は変更に関し、利用者に対して特定の居宅サービス事業者等によるサービスを利用すべき旨の指示等を行ってはならない。
> 3　指定居宅介護支援事業者及びその従業者は、居宅サービス計画の作成又は変更に関し、利用者に対して特定の居宅サービス事業者等によるサービスを利用させることの対償として、当該居宅サービス事業者等から金品その他の財産上の利益を収受してはならない。

まとめ

- ケアチームが連携をすることは、利用者だけではなく、利用者を支援するサービス事業所等にとってもメリットがある
- 事業者やケアマネジャーは、法令上の義務なども意識しながら連携の促進につながるよう働きかけたい

連携のために必要な技術と配慮って？

3節 医療との連携に必要なスキルと必要な配慮

> 医療との連携も地域課題の解決につなげる！

❶ なぜ医療と揉めるのか？

医療ニーズの高い利用者が増える中、個々の利用者に合わせた**オーダーメードのケアチーム**を作り上げることがケアマネジャーに求められています。連絡調整役を担うケアマネジャーとして、それぞれの担当者の**専門性に敬意を払い**、相手に配慮する気配りが必要です。

医療とのトラブルが発生したり、円滑にいかなくなったりする要因として、ケアマネジャーが医療職の専門領域にうっかり踏み込んでしまった場合をよく耳にします。

例えば、アルツハイマー型認知症の診断を受けた利用者が、小刻み歩行により転倒を繰り返している場合、主治医に小刻みな歩行による転倒が増えている事実を伝えることは必要ですが、「レビー小体病ではありませんか？」などの見解をぶつけることは、利用者によりよい支援を提供したいという思いからだったとしても、行き過ぎた行為（発言）です。

❷ 医療連携と地域の課題解決

福祉系の職種は、答えは利用者の心の中にあり、他者が憶測で決めることは望ましくないなどの理由から経過を長く語ってから結局何が言いたいのかがわからない話をする人もいます。

医療連携の際には、**客観的事実と見立て**（解釈、主観的事実）をわけ、**結論から先に話しその後補足を加える**構成で伝えることで、時間短縮ができ、誤解を招きにくくなります。

併せて利用者や家族を取り巻く問題や抱える課題は、地域全体の課題（もしくはその可能性が高いもの）としてとらえる視点も大切です。要介護者のほとんどが医療ニーズを有しているといっても過言ではないでしょう。つまり、ケアマネジャーにとって医療連携は、利用者の生活を支え、地域全体の課題を解決するために必要不可欠といえます。医療連携の充実にむけ、まずは動き出してみましょう。

表 ● 主な医療職の定義

職種	法律の定義（根拠法令とその条項）
医師	医師は、医療及び保健指導を掌ることによつて公衆衛生の向上及び増進に寄与し、もつて国民の健康な生活を確保するものとする（医師法第1条）
歯科医師	歯科医師は、歯科医療及び保健指導を掌ることによつて、公衆衛生の向上及び増進に寄与し、もつて国民の健康な生活を確保するものとする（歯科医師法第1条）
保健師	厚生労働大臣の免許を受けて、保健師の名称を用いて、保健指導に従事することを業とする者をいう（保健師助産師看護師法第2条）
看護師	厚生労働大臣の免許を受けて、傷病者若しくはじよく婦に対する療養上の世話又は診療の補助を行うことを業とする者をいう（保健師助産師看護師法第5条）
准看護師	都道府県知事の免許を受けて、医師、歯科医師又は看護師の指示を受けて、前条に規定することを行うことを業とする者（保健師助産師看護師法第6条）
理学療法士	厚生労働大臣の免許を受けて、理学療法士の名称を用いて、医師の指示の下に、理学療法を行なうことを業とする者をいう（理学療法士及び作業療法士法第2条第3項）
作業療法士	厚生労働大臣の免許を受けて、作業療法士の名称を用いて、医師の指示の下に、作業療法を行なうことを業とする者をいう（理学療法士及び作業療法士法第2条第4項）
言語聴覚士	厚生労働大臣の免許を受けて、言語聴覚士の名称を用いて、音声機能、言語機能又は聴覚に障害のある者についてその機能の維持向上を図るため、言語訓練その他の訓練、これに必要な検査及び助言、指導その他の援助を行うことを業とする者をいう（言語聴覚士法第2条）
栄養士	都道府県知事の免許を受けて、栄養士の名称を用いて栄養の指導に従事することを業とする者をいう（栄養士法第1条第1項）
管理栄養士	厚生労働大臣の免許を受けて、管理栄養士の名称を用いて、傷病者に対する療養のため必要な栄養の指導、個人の身体の状況、栄養状態等に応じた高度の専門的知識及び技術を要する健康の保持増進のための栄養の指導並びに特定多数人に対して継続的に食事を供給する施設における利用者の身体の状況、栄養状態、利用の状況等に応じた特別の配慮を必要とする給食管理及びこれらの施設に対する栄養改善上必要な指導等を行うことを業とする者をいう（栄養士法第1条第2項）
歯科衛生士	厚生労働大臣の免許を受けて、歯科医師（歯科医業をなすことができる医師を含む。以下同じ。）の指導の下に、歯牙及び口腔の疾患の予防処置として次に掲げる行為を行うことを業とする者をいう（歯科衛生士法第2条第1項）

> **まとめ**
>
> - 医療ニーズの高い利用者が増える中、個々の利用者に合わせたオーダーメードのケアチームを作り上げたい
> - 担当者の専門性に敬意を払い、相手の求めているものに配慮する気配りが必要

4節 地区組織等との連携

ソーシャルアクションって何？

一人ひとりがソーシャルアクションを！

❶ 自助と互助を支える

　第3章第8節（専門職以外の参加を促す）でも触れましたが、4つの助のうち、基本となるのは「自助」と「互助」といわれています。「共助（社会保険などの制度化された相互扶助）」や「公助（税金や公的福祉）」を求める声もありますが、現在の少子高齢化や財政状況を考慮すれば、大幅な拡充を期待することは難しいでしょう。今後は今まで以上に「自助」「互助」の果たす役割が大きくなっていくことを意識して、それぞれの主体が取組みを進めていくことが求められます。

　ケアマネジャーとは、自助や互助の開発とともに、共助の立場から互助を支えます（第三者が介入する安心感等が、自助や互助の負担を軽減し、バランスを整え、継続ができるようになる）。併せて、自助、互助、共助でも解決が難しいときなどは、公助で適切に対応できるよう、幅広い知識が必要なのです。

❷ ケアマネジャーが擁護すべきもの

　ケアマネジャーは、ケアマネジメントの全過程で、利用者の権利を擁護していきます。支援の中で虐待や不利益等を受けている人を発見し、擁護する狭義の権利擁護だけではなく、訴えられない人がいることを忘れず、観察力等を働かせ利用者の生活を見守り、高齢者自身が自分で積極的に権利を擁護していけるよう見守ります。

　併せてケアマネジャーには、地域性等を考慮し地域の中で高齢者が安心して生活できるよう支援していく、コミュニティ・ケアの推奨が求められています。ケアマネジャーは、利用者自身でも気が付いていない、もしくは目を向けないようにしている権利についても真摯に向き合い、利用者の権利を擁護していくこと、そしてこのケアマネジャーの民主的な考えを広めることでケアチームや地域をより民主的に成長させる役割を期待されている職種です。

❸ ケアマネジャーとしての ソーシャルアクションを起こそう

ソーシャルアクション（世論を喚起するなどして立法・行政機関に働きかけ、政策・制度の改善をめざす組織行動＊）の必要性を感じているが、何から手を付けてよいのか…と考えてしまうケアマネジャーも多いことと思います。

ソーシャルアクションとは組織的な活動を指す言葉ですが、大がかりな活動だけを指すものではありません。ケアマネジャーがサービス担当者会議で友人や知人を担当者として位置づけることや日ごろの活動において、地区組織等に顔を出し連携することなどは、それまで意識していなかった互助の力を使い育てることにつながります。支援を求める人と提供をしたいと思っている人をマッチングさせることは、地域の社会資源の発掘です。つまり一種のソーシャルアクションなのです。

※出典：三省堂『大辞林　第3版』

表● 主要機関との連携の主な目的など

連携機関	連携の主な目的	連携の結果もたらされるもの
市町村、保健・医療・福祉関係機関	・情報収集と地域課題の分析 ・地域に不足している社会資源を改善・開発する	・地区診断に基づいた地域の社会資源を改善・開発
サービス事業者・サービス事業所等	・ケアプラン・個別計画書などを使用し、情報・援助目標の共有 ・お互いの役割の理解と分担・協働	・相互理解に基づいた協力体制の構築
主治医	・医療系サービス（訪問看護・通所リハビリ等）の指示の確認 ・サービス提供時（本人参加時）の留意点の確認	
地域住民・民生委員・地区組織等	・要援助者の早期発見・早期対応 ・見守り体制づくり ・住民教育	・地域づくり

> **まとめ**
> - ケアマネジャーとして、自助や互助の開発に取組むとともに、共助として互助を支えよう
> - ケアマネジャーとしてのソーシャルアクションを起こそう

コラム

類似会議との相違点

サービス担当者会議と類似している会議に関する特徴などを羅列します。

いずれも似て非なる会議です（目的や参加者などが異なります）ので、同日に開催する場合などは、

表 ● サービス担当者会議と類似する会議など

	サービス担当者会議	
定義・根拠	● 運営基準第13条	
目的	● ケアプラン作成にあたり、 　①利用者の状況等に関する情報を担当者で共有する 　②ケアプラン原案に担当者から専門的見地から意見を受ける	
主催（宰）	● ケアマネジャー	
参加者の例	● 担当者（ケアマネジャーがケアプラン原案に位置づけた指定居宅サービス等の担当者）、利用者、家族	
開催時期やその頻度	● ケアプランの新規作成（変更） ● 更新認定・区分変更認定時など ● 福祉用具をケアプランに位置づける場合	
備考・その他		

類似会議との相違点

それぞれの目的などに留意して適切に取り扱いましょう。

①地域ケア会議	②運営推進会議
● 法第115条の48第2項 ● 「地域支援事業の実施について」（平成18年厚生労働省老健局長通知） ● 「地域包括支援センターの設置運営について」（平成18年厚生労働省老健局振興課長ほか連名通知）	● 指定地域密着型サービスの事業の人員、設備及び運営に関する基準第34条
● 事例（当事者）への支援内容の検討、地域包括支援ネットワーク構築、自立支援に資するケアマネジメントの支援、地域課題の把握など	● 地域密着型サービス事業所が、会議メンバーに、提供しているサービス内容等を明らかにすることにより、事業所による利用者の「抱え込み」を防止し、地域に開かれたサービスとすることで、サービスの質の確保を図る
● 市町村、地域包括支援センター	● 指定地域密着型サービス事業者（所）
● 構成員（会議の目的に応じ、行政職員、センター職員、介護支援専門員、介護サービス事業者、保健医療関係者、民生委員、住民組織等の中から、必要に応じて出席者を調整）	● メンバー（利用者，利用者の家族、地域住民の代表者、市町村の職員又は地域包括支援センターの職員、有識者等）
● 特に決まりはない（事例や地域の状況に合わせて定期、不定期に開催）	● おおむね2か月に1回、6か月に1回（定期開催。サービス種別により異なる）
● 地域包括支援センターの設置者は、包括的支援事業の効果的な実施のために、介護サービス事業者、医療機関、民生委員法に定める民生委員、高齢者の日常生活の支援に関する活動に携わるボランティアその他の関係者との連携に努めなければならない（介護保険法第115条の46第5項）	● 地域の住民の代表者とは、町内会役員、民生委員、老人クラブの代表者等が考えられる ● 会議内容の報告、評価、要望、助言等についての記録を作成するとともに、当該記録の公表が義務付けられている

MEMO

巻末資料

巻末資料には、サービス担当者会議を運用していくために必要な法令・通知と使いこなしたい知識をまとめました。
イメージがつくよう利用者等に具体的に説明したい、解剖学的な言葉（身体各部の名称と骨・関節の名称、姿勢に関する医療用語）と利用者や家族に対する理解を深め、会話のきっかけになる歴史的な出来事（昭和の主なできごと）です。
いずれもサービス担当者会議の円滑な運営にぜひご活用ください！

1 法令・通知集

1．介護保険法（平成9年12月17日法律第123号）の抜粋

（定義）
第7条
5　この法律において「**介護支援専門員**」とは、要介護者又は要支援者（以下「**要介護者等**」という。）**からの相談に応じ**、及び要介護者等がその心身の状況等に応じ適切な居宅サービス、地域密着型サービス、施設サービス、介護予防サービス若しくは地域密着型介護予防サービス又は特定介護予防・日常生活支援総合事業を利用できるよう市町村、居宅サービス事業を行う者、地域密着型サービス事業を行う者、介護保険施設、介護予防サービス事業を行う者、地域密着型介護予防サービス事業を行う者、特定介護予防・日常生活支援総合事業を行う者等との**連絡調整等を行う者**であって、要介護者等が自立した日常生活を営むのに必要な援助に関する専門的知識及び技術を有するものとして第69条の7第1項の**介護支援専門員証の交付を受けたもの**をいう。

抜粋・太字・下線・コメント等の装飾は著者（以下、同じ）

第8条
24　この法律において「**居宅介護支援**」とは、居宅要介護者が指定居宅サービス、指定地域密着型サービス及びその他の居宅において日常生活を営むために必要な保健医療サービス又は福祉サービス（以下この項において「指定居宅サービス等」という。）の適切な利用等をすることができるよう、当該居宅要介護者の依頼を受けて、その心身の状況、その置かれている環境、当該居宅要介護者及びその家族の希望等を勘案し、利用する指定居宅サービス等の種類及び内容、これを担当する者その他<u>厚生労働省令で定める事項</u>を定めた計画（以下において「**居宅サービス計画**」という。）を作成するとともに、当該居宅サービス計画に基づく指定居宅サービス等の提供が確保されるよう、指定居宅サービス事業者、指定地域密着型サービス事業者その他の者との連絡調整その他の便宜の提供を行い、並びに当該居宅要介護者が地域密着型介護老人福祉施設又は介護保険施設への入所を要する場合にあっては、地域密着型介護老人福祉施設又は介護保険施設への紹介その他の便宜の提供を行うことをいい、「居宅介護支援事業」とは、居宅介護支援を行う事業をいう。

介護保険法施行規則（平成11年3月31日厚生省令第36号）

> **第18条**　法第8条第24項の厚生労働省令で定める事項は、当該居宅要介護者及びその家族の生活に対する意向、当該居宅要介護者の総合的な援助の方針並びに健康上及び生活上の問題点及び解決すべき課題、提供される指定居宅サービス等（同項に規定する指定居宅サービス等をいう。以下この条において同じ。）の目標及びその達成時期、指定居宅サービス等が提供される日時、指定居宅サービス等を提供する上での留意事項並びに指定居宅サービス等の提供を受けるために居宅要介護者が負担しなければならない費用の額とする。

（介護支援専門員の義務）
第69条の34　介護支援専門員は、その担当する要介護者等の人格を尊重し、常に当該要介護者等の立場に立って、当該要介護者等に提供される居宅サービス、地域密着型サービス、施設サービス、介護予防サービス若しくは地域密着型介護予防サービス又は特定介護予防・日常生活支援総合事業が特定の種類又は特定の事業者若しくは施設に不当に偏ることのないよう、公正かつ誠実にその業務を行わなければならない。
2　介護支援専門員は、厚生労働省令で定める基準に従って、介護支援専門員の業務を行わなければならない。
3　介護支援専門員は、要介護者等が自立した日常生活を営むのに必要な援助に関する専門的知識及び技術の水準を向上させ、その他その資質の向上を図るよう努めなければならない。

介護保険法施行規則（平成11年3月31日厚生省令第36号）

> **第113条の39**　法第69条の34第2項の厚生労働省令で定める基準は、**指定居宅介護支援等基準第12条**に定めるところによる。

2．運営基準と解釈通知の抜粋対応表

運営基準	解釈通知
（基本方針） 第1条の2　略 4　指定居宅介護支援事業者は、事業の運営に当たっては、市町村、地域包括支援センター、老人介護支援センター、他の指定居宅介護支援事業者、指定介護予防支援事業者、介護保険施設、指定特定相談支援事業者等との連携に努めなければならない。	略
（指定居宅介護支援の基本取扱方針） 第12条　指定居宅介護支援は、要介護状態の軽減又は悪化の防止に資するよう行われるとともに、医療サービスとの連携に十分配慮して行われなければならない。 2　指定居宅介護支援事業者は、自らその提供する指定居宅介護支援の質の評価を行い、常にその改善を図らなければならない。	第二 3（8）指定居宅介護支援の基本取扱方針及び具体的取扱方針
（指定居宅介護支援の具体的取扱方針） 第13条 　指定居宅介護支援の方針は、第1条の2に規定する基本方針及び前条に規定する基本取扱方針に基づき、次に掲げるところによるものとする。 　略	基準第13条は、利用者の課題分析、サービス担当者会議の開催、居宅サービス計画の作成、居宅サービス計画の実施状況の把握などの居宅介護支援を構成する一連の業務のあり方及び当該業務を行う介護支援専門員の責務を明らかにしたものである。 　なお、利用者の課題分析（第6号）から担当者に対する個別サービス計画の提出依頼（第12号）に掲げる一連の業務については、基準第1条の2に掲げる基本方針を達成するために必要となる業務を列記したものであり、基本的にはこのプロセスに応じて進めるべきものであるが、緊急的なサービス利用等やむを得ない場合や、効果的・効率的に行うことを前提とするものであれば、業務の順序について拘束するものではない。ただし、その場合にあっても、それぞれ位置付けられた個々の業務は、事後的に可及的速やかに実施し、その結果に基づいて必要に応じて居宅サービス計画を見直すな

	ど、適切な対応しなければならない。
九　介護支援専門員は、サービス担当者会議（介護支援専門員が居宅サービス計画の作成のために、利用者及びその家族の参加を基本としつつ、**居宅サービス計画の原案に位置付けた指定居宅サービス等の担当者**（以下この条において「担当者」という。）を召集して行う会議をいう。以下同じ。）の開催により、利用者の状況等に関する情報を担当者と共有するとともに、当該居宅サービス計画の原案の内容について、担当者から、専門的な見地からの意見を求めるものとする。ただし、利用者（末期の悪性腫瘍の患者に限る。）の心身の状況等により、主治の医師又は歯科医師（以下この条において「主治の医師等」という。）の意見を勘案して必要と認める場合その他のやむを得ない理由がある場合については、担当者に対する照会等により意見を求めることができるものとする。	⑨　サービス担当者会議等による専門的意見の聴取（第９号） 　介護支援専門員は、効果的かつ実現可能な質の高い居宅サービス計画とするため、各サービスが共通の目標を達成するために具体的なサービスの内容として何ができるかなどについて、利用者やその家族、居宅サービス計画原案に位置付けた指定居宅サービス等の担当者からなるサービス担当者会議の開催により、利用者の状況等に関する情報を当該担当者と共有するとともに、専門的な見地からの意見を求め調整を図ることが重要である。なお、利用者やその家族の参加が望ましくない場合（家庭内暴力等）には、必ずしも参加を求めるものではないことに留意されたい。また、やむを得ない理由がある場合については、サービス担当者に対する照会等により意見を求めることができるものとしているが、この場合にも、緊密に相互の情報交換を行うことにより、利用者の状況等についての情報や居宅サービス計画原案の内容を共有できるようにする必要がある。なお、ここでいうやむを得ない理由がある場合とは、利用者（末期の悪性腫瘍の患者に限る。）の心身の状況等により、主治の医師又は歯科医師（以下「主治の医師等」という。）の意見を勘案して必要と認める場合のほか、開催の日程調整を行ったが、サービス担当者の事由により、サービス担当者会議への参加が得られなかった場合、居宅サービス計画の変更であって、利用者の状態に大きな変化が見られない等における軽微な変更の場合等が想定される。 　また、末期の悪性腫瘍の利用者について必要と認める場合とは、主治の医師等が日常生活上の障害が１ヶ月以内に出現すると判断した時点以降において、主治の医師等の助言を得た上で、介護支援専門員がサービス担当者に対する照会等により意見を求めることが必要と判断した場合を想定している。なお、ここでいう「主治の医師等」とは、利用者の最新の心身の状態、受診中の医療機関、投薬内容等を一元的に把握している医師であり、要介護認定の申請のために主治医意見書を記載した医師に限定されないことから、利用者又はそ

	の家族等に確認する方法等により、適切に対応すること。また、サービス種類や利用回数の変更等を利用者に状態変化が生じるたびに迅速に行っていくことが求められるため、日常生活上の障害が出現する前に、今後利用が必要と見込まれる指定居宅サービス等の担当者を含めた関係者を招集した上で、予測される状態変化と支援の方向性について関係者間で共有しておくことが望ましい。 　なお、当該サービス担当者会議の要点又は当該担当者への照会内容について記録するとともに、基準第29条の第2項の規定に基づき、当該記録は、2年間保存しなければならない。
十　介護支援専門員は、居宅サービス計画の原案に位置付けた指定居宅サービス等について、保険給付の対象となるかどうかを区分した上で、当該居宅サービス計画の原案の内容について利用者又はその家族に対して説明し、**文書により利用者の同意を得なければならない。**	⑩　居宅サービス計画の説明及び同意（第10号） 　居宅サービス計画に位置付ける指定居宅サービス等の選択は、利用者自身が行うことが基本であり、また、当該計画は利用者の希望を尊重して作成されなければならない。利用者に選択を求めることは介護保険制度の基本理念である。このため、当該計画原案の作成に当たって、これに位置付けるサービスについて、また、サービスの内容についても利用者の希望を尊重することとともに、作成された居宅サービス計画の原案についても、最終的には、その内容について説明を行った上で文書によって利用者の同意を得ることを義務づけることにより、利用者によるサービスの選択やサービス内容等への利用者の意向の反映の機会を保障しようとするものである。 　また、当該説明及び同意を要する居宅サービス計画原案とは、いわゆる居宅サービス計画書の**第1表から第3表**まで、**第6表及び第7表**（「介護サービス計画書の様式及び課題分析標準項目の提示について」（平成11年老企第29号）に示す標準様式を指す。）に相当するものすべてを指すものである。
十一　介護支援専門員は、居宅サービス計画を作成した際には、当該居宅サービス計画を**利用者及び担当者に交付しなければならない。**	⑪　居宅サービス計画の交付（第11号） 　居宅サービス計画を作成した際には、遅滞なく利用者及び担当者に交付しなければならない。 　また、介護支援専門員は、担当者に対して居宅サービス計画を交付する際には、当該計画の趣旨及び内容等について十

	分に説明し、各担当者との共有、連携を図った上で、各担当者が自ら提供する居宅サービス等の当該計画（以下、「個別サービス計画」という。）における位置付けを理解できるように配慮する必要がある。（略）
十二　介護支援専門員は、居宅サービス計画に位置付けた指定居宅サービス事業者等に対して、訪問介護計画等指定居宅サービス等基準において位置付けられている計画の提出を求めるものとする。	⑫　担当者に対する個別サービス計画の提出依頼（第12号） 　居宅サービス計画と個別サービス計画との連動性を高め、居宅介護支援事業者とサービス提供事業者の意識の共有を図ることが重要である。 　このため、基準第13条第12号に基づき、担当者に居宅サービス計画を交付したときは、担当者に対し、個別サービス計画の提出を求め、居宅サービス計画と個別サービス計画の連動性や整合性について確認することとしたものである。 　なお、介護支援専門員は、担当者と継続的に連携し、意識の共有を図ることが重要であることから、居宅サービス計画と個別サービス計画の連動性や整合性の確認については、居宅サービス計画を担当者に交付したときに限らず、必要に応じて行うことが望ましい。 　さらに、サービス担当者会議の前に居宅サービス計画の原案を担当者に提供し、サービス担当者会議に個別サービス計画案の提出を求め、サービス担当者会議において情報の共有や調整を図るなどの手法も有効である。
十五　介護支援専門員は、次に掲げる場合においては、サービス担当者会議の開催により、居宅サービス計画の変更の必要性について、担当者から、専門的な見地からの意見を求めるものとする。ただし、やむを得ない理由がある場合については、担当者に対する照会等により意見を求めることができるものとする。 　イ　要介護認定を受けている利用者が法第28条第2項に規定する要介護更新認定を受けた場合 　ロ　要介護認定を受けている利用者が法第29条第1項に規定する要介護状態区分の変更の認定を受けた場合	⑮　居宅サービス計画の変更の必要性についてのサービス担当者会議等による専門的意見の聴取（第15号） 　介護支援専門員は、利用者が要介護状態区分の変更の認定を受けた場合など本号に掲げる場合には、サービス担当者会議の開催により、居宅サービス計画の変更の必要性について、担当者から、専門的な見地からの意見を求めるものとする。ただし、やむを得ない理由がある場合については、サービス担当者に対する照会等により意見を求めることができるものとする。なお、ここでいうやむを得ない理由がある場合とは、開催の日程調整を行ったが、サービス担当者の事由により、サービス担当者会議への参加が得られなかった場合や居宅サービス計画の変更から間もない場合で利用者の状態に大きな変化が見られない場合等が想定される。（略）

十六　第3号から第12号までの規定は、第13号に規定する居宅サービス計画の変更について準用する。	⑯　居宅サービス計画の変更（第16号） 　介護支援専門員は、居宅サービス計画を変更する際には、原則として基準第13条第3号から第12号までに規定された居宅サービス計画作成に当たっての一連の業務を行うことが必要である。 　なお、利用者の希望による軽微な変更（例えばサービス提供日時の変更等で、介護支援専門員が基準第13条第3号から第12号までに掲げる一連の業務を行う必要性がないと判断したもの）を行う場合には、この必要はないものとする。ただし、この場合においても、介護支援専門員が、利用者の解決すべき課題の変化に留意することが重要であることは、同条第13号（⑬居宅サービス計画の実施状況等の把握及び評価等）に規定したとおりであるので念のため申し添える。
二十二　介護支援専門員は、居宅サービス計画に福祉用具貸与を位置付ける場合にあっては、その利用の妥当性を検討し、当該計画に福祉用具貸与が必要な理由を記載するとともに、**必要に応じて随時サービス担当者会議を開催**し、継続して福祉用具貸与を受ける必要性について検証をした上で、継続して福祉用具貸与を受ける必要がある場合にはその理由を居宅サービス計画に記載しなければならない。	㉒　福祉用具貸与及び特定福祉用具販売の居宅サービス計画への反映（第22号・第23号） 　福祉用具貸与及び特定福祉用具販売については、その特性と利用者の心身の状況等を踏まえて、その必要性を十分に検討せずに選定した場合、利用者の自立支援は大きく阻害されるおそれがあることから、検討の過程を別途記録する必要がある。 　このため、介護支援専門員は、居宅サービス計画に福祉用具貸与及び特定福祉用具販売を位置付ける場合には、サービス担当者会議を開催し、当該計画に福祉用具貸与及び特定福祉用具販売が必要な理由を記載しなければならない。 　なお、福祉用具貸与については、居宅サービス計画作成後必要に応じて随時サービス担当者会議を開催して、利用者が継続して福祉用具貸与を受ける必要性について専門的意見を聴取するとともに検証し、継続して福祉用具貸与を受ける必要がある場合には、その理由を再び居宅サービス計画に記載しなければならない。　（略）
二十三　介護支援専門員は、居宅サービス計画に特定福祉用具販売を位置付ける場合にあっては、その利用の妥当性を検討し、当該計画に特定福祉用具販売が必要な理由を記載しなければならない。	
（利用者に対する居宅サービス計画等の書類の交付） 第15条　指定居宅介護支援事業者は、利用者が他の居宅介護支援事業者の利用を希望する	第二3（10）利用者に対する居宅サービス計画等の書類の交付 　基準第15条は、利用者が指定居宅介護支援事業者を変更した場合に、変更後の指定居宅介護支援事業者又は指定介護予防支援事業者が滞りなく給付管理票の作成・届出等の事務

場合、要介護認定を受けている利用者が要支援認定を受けた場合その他利用者からの申出があった場合には、<u>当該利用者</u>に対し、<u>直近の居宅サービス計画及びその実施状況に関する書類</u>を交付しなければならない。	を行うことができるよう、指定居宅介護支援事業者は、利用者が他の居宅介護支援事業者の利用を希望する場合、要介護認定を受けている利用者が要支援認定を受けた場合、その他利用者からの申し出があった場合には、当該利用者に対し、直近の居宅サービス計画及びその実施状況に関する書類を交付しなければならないこととしたものである。
（秘密保持） 第23条　指定居宅介護支援事業所の介護支援専門員その他の従業者は、<u>正当な理由がなく</u>、その業務上知り得た利用者又はその家族の秘密を漏らしてはならない。 2　指定居宅介護支援事業者は、介護支援専門員その他の従業者であった者が、正当な理由がなく、その業務上知り得た利用者又はその家族の秘密を漏らすことのないよう、必要な措置を講じなければならない。 3　指定居宅介護支援事業者は、サービス担当者会議等において、利用者の個人情報を用いる場合は利用者の同意を、利用者の家族の個人情報を用いる場合は当該家族の同意を、あらかじめ文書により得ておかなければならない。	第二３（18）秘密保持 ①　基準第23条第１項は、指定居宅介護支援事業所の介護支援専門員その他の従業者に、その業務上知り得た利用者又はその家族の秘密の保持を義務づけたものである。 ②　同条第２項は、指定居宅介護支援事業者に対して、過去に当該居宅介護支援事業所の介護支援専門員その他の従業者であった者が、その業務上知り得た利用者又はその家族の秘密を漏らすことがないよう必要な措置を取ることを義務づけたものであり、具体的には、指定居宅介護支援事業者は、当該指定居宅介護支援事業所の介護支援専門員その他の従業者が、従業者でなくなった後においてもこれらの秘密を保持すべき旨を、従業者との雇用時に取り決め、例えば違約金についての定めをおくなどの措置を講ずべきこととするものである。 ③　同条第３項は、介護支援専門員及び居宅サービス計画に位置付けた各居宅サービスの担当者が課題分析情報等を通じて利用者の有する問題点や解決すべき課題等の個人情報を共有するためには、あらかじめ、文書により利用者及びその家族から同意を得る必要があることを規定したものであるが、この同意については、指定居宅介護支援事業者が、指定居宅介護支援開始時に、利用者及びその家族の代表から、連携するサービス担当者間で個人情報を用いることについて包括的に同意を得ることで足りるものである。
（記録の整備） 第29条　指定居宅介護支援事業者は、従業者、設備、備品及び会計に関する諸記録を整備しておかなければならない。	

2 指定居宅介護支援事業者は、利用者に対する指定居宅介護支援の提供に関する次の各号に掲げる記録を整備し、その**完結の日から2年間**保存しなければならない。
一 指定居宅サービス事業者等との連絡調整に関する記録
二 個々の利用者ごとに次に掲げる事項を記載した居宅介護支援台帳
　　イ　居宅サービス計画
　　ロ　アセスメントの結果の記録
　　ハ　サービス担当者会議等の記録
　　ニ　モニタリングの結果の記録
三 市町村への通知に係る記録
四 苦情の内容等の記録
五 事故の状況及び事故に際して採った処置についての記録

第二 3（24）記録の整備

　基準第29条第2項は、指定居宅介護支援事業者が同項各号に規定する記録を整備し、2年間保存しなければならないこととしたものである。

　なお、「その完結の日」とは、個々の利用者につき、契約終了（契約の解約・解除、他の施設への入所、利用者の死亡、利用者の自立等）により一連のサービス提供が終了した日を指すものとする。

抜粋・太字・下線等の装飾は著者

3．見直し通知の抜粋

（別添）居宅介護支援・介護予防支援・サービス担当者会議・介護支援専門員に係る項目及び項目に対する取扱い

| 3　ケアプランの軽微な変更の内容について（ケアプランの作成） | 「指定居宅介護支援等の事業の人員及び運営に関する基準について」（平成11年7月29日老企22号厚生省老人保健福祉局企画課長通知）」（以下、「基準の解釈通知」という。）の「第Ⅱ　指定居宅介護支援等の事業の人員及び運営に関する基準」の「3運営に関する基準」の「（8）指定居宅介護支援の基本取扱方針及び具体的取扱方針」の「⑯居宅サービス計画の変更」において、居宅サービス計画を変更する際には、原則として、指定居宅介護支援等の事業及び運営に関する基準（平成11年3月31日厚令38、以下「基準」という。）の第13条第3号から第<u>12</u>号までに規定されたケアプラン作成にあたっての一連の業務を行うことを規定している。
　なお、「利用者の希望による軽微な変更（サービス提供日時の変更等）を行う場合には、この必要はないものとする。」としているところである。 |

サービス提供の曜日変更	利用者の体調不良や家族の都合などの臨時的、一時的なもので、単なる曜日、日付の変更のような場合には、「軽微な変更」に該当する場合があるものと考えられる。 　なお、これはあくまで例示であり、「軽微な変更」に該当するかどうかは、変更する内容が同基準第13条第3号（継続的かつ計画的な指定居宅サービス等の利用）から第12号（**担当者に対する個別サービス計画の提出依頼**）までの一連業務を行う必要性の高い変更であるかどうかによって軽微か否かを判断すべきものである。
サービス提供の回数変更	同一事業所における週1回程度のサービス利用回数の増減のような場合には「軽微な変更」に該当する場合があるものと考えられる。（略）
利用者の住所変更	利用者の住所変更については、「軽微な変更」に該当する場合があるものと考えられる。（略）
事業所の名称変更	単なる事業所の名称変更については、「軽微な変更」に該当する場合があるものと考えられる。（略）
目標期間の延長	単なる目標設定期間の延長を行う場合（ケアプラン上の目標設定（課題や期間）を変更する必要が無く、単に目標設定期間を延長する場合など）については、「軽微な変更」に該当する場合があるものと考えられる。（略）
福祉用具で同等の用具に変更するに際して単位数のみが異なる場合	福祉用具の同一種目における機能の変化を伴わない用具の変更については、「軽微な変更」に該当する場合があるものと考えられる。（略）
目標もサービスも変わらない（利用者の状況以外の原因による）単なる事業所変更	目標もサービスも変わらない（利用者の状況以外の原因による）単なる事業所変更については、「軽微な変更」に該当する場合があるものと考えられる。（略）
目標を達成するためのサービス内容が変わるだけの場合	第一表の総合的な援助の方針や第二表の生活全般の解決すべき課題、目標、サービス種別等が変わらない範囲で、目標達成するためのサービス内容が変わるだけの場合には、「軽微な変更」に該当する場合があるものと考えられる。（略）
担当介護支援専門員の変更	契約している居宅介護支援事業所における担当介護支援専門員の変更（但し、新しい担当者が利用者はじめ各サービス担当者と面識を有していること。）のような場合には、「軽微な変更」に該当する場合があるものと考えられる。（略）

●下線・太字が2015年4月以降、読み替えて使用している部分と読み替え後の内容
●すべての（略）部分にはすべて「サービス提供の曜日変更」に記された「なお、」以降の文章が入る

4 ケアプランの軽微な変更の内容について（サービス担当者会議）	基準の解釈通知のとおり、「軽微な変更」に該当するものであれば、例えばサービス担当者会議の開催など、必ずしも実施しなければならないものではない。 しかしながら、例えば、ケアマネジャーがサービス事業所へ周知した方が良いと判断されるような場合などについて、サービス担当者会議を開催することを制限するものではなく、その開催にあたっては、基準の解釈通知に定めているように、やむを得ない理由がある場合として照会等により意見を求めることが想定される。
サービス利用回数の増減によるサービス担当者会議の必要性	単なるサービス利用回数の増減（同一事業所における週１回程度のサービス利用回数の増減など）については、「軽微な変更」に該当する場合もあるものと考えられ、サービス担当者会議の開催など、必ずしも実施しなければならないものではない。 しかしながら、例えば、ケアマネジャーがサービス事業所へ周知した方が良いと判断されるような場合などについて、サービス担当者会議を開催することを制限するものではなく、その開催にあたっては、基準の解釈通知に定めているように、やむを得ない理由がある場合として照会等により意見を求めることが想定される。
ケアプランの軽微な変更に関するサービス担当者会議の全事業所招集の必要性	ケアプランの「軽微な変更」に該当するものであれば、サービス担当者会議の開催など、必ずしも実施しなければならないものではない。 ただし、サービス担当者会議を開催する必要がある場合には、必ずしもケアプランに関わるすべての事業所を招集する必要はなく、基準の解釈通知に定めているように、やむを得ない理由がある場合として照会等により意見を求めることが想定される。
「利用者の状態に大きな変化が見られない」の取扱い	「利用者の状態に大きな変化が見られない」の取扱いについては、まずはモニタリングを踏まえ、サービス事業者間（担当者間）の合意が前提である。 その上で具体的には、「介護サービス計画書の様式及び課題分析標準項目の提示について」（平成11年11月12日老企第29号）の「課題分析標準項目（別添）」等のうち、例えば、「健康状態（既往歴、主傷病、病状、痛み等）」、「ADL（寝返り、起き上がり、移乗、歩行、着衣、入浴、排泄等）」、「IADL（調理、掃除、買い物、金銭管理、服薬状況等）」、「日常の意思決定を行うための認知能力の程度」、「意思の伝達、視力、聴力等のコミュニケーション」、「社会との関わり（社会的活動への参加意欲、社会との関わりの変化、喪失感や孤独感等）」、「排尿・排便（失禁の状況、排尿排泄後の後始末、コントロール方法、頻度など）」、「褥瘡・皮膚の問題（褥瘡の程度、皮膚の清潔状況等）」、「口腔衛生（歯・口腔内の状態や口腔衛生）」、「食事摂取（栄養、食事回数、水分量等）」、「行動・心理症状（BPSD）（妄想、誤認、幻覚、抑うつ、不眠、不安、攻撃的行動、不穏、焦燥、性的脱抑制、収集癖、叫声、泣き叫ぶ、無気力等）」 等を総合的に勘案し、判断すべきものである。

2　身体各部の名称と骨・関節の名称

医療職やリハビリの専門職などとコミュニケーションをとる際に使われることの多い身体に関する名称をまとめました。

身体各部の名称

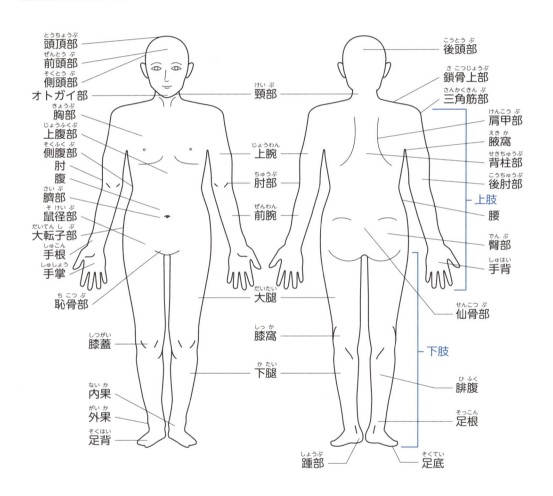

巻末資料　2　身体各部の名称と骨・関節の名称

全身の骨と関節の名称

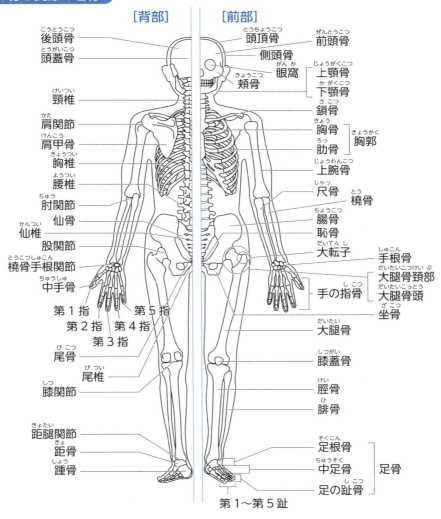

出典：江崎智彦監修『苦手をサポート　ケアマネ周辺制度ポイントナビ』第一法規、2016年（P70～71）を一部改変

3　姿勢に関する医療用語・イラスト

利用者等への説明にも使えるよう、姿勢に関する専門用語をまとめました。

①立位（りつい）	②膝立ち位（ひざたちい）
両足で立っている状態	両ひざを曲げて上半身を起こした姿勢のこと

③座位（ざい）	④長座位（ちょうざい）
上半身を90°起こした状態	両足を前に伸ばした状態で座る姿勢のこと

⑤あぐら座位	⑥椅座位（いざい）※
足を内側に組んで座った姿勢のこと	椅子に座った姿勢のこと

巻末資料　3　姿勢に関する医療用語・イラスト

⑦端座位（たんざい）	⑧ファーラー（半座）座位
ベッドや椅子などの端に足を下ろして座った姿勢のこと	仰向けで寝て上半身を45°ほど起こした姿勢のこと

⑨セミファーラー位	⑩仰臥位（ぎょうがい）
上半身を15°〜30°起こした姿勢のこと	上を向いて（仰向けに）寝た姿勢のこと

⑪腹臥位（ふくがい）	⑫右［左］側臥位（う［さ］そくがい）
お腹を下にして寝ている姿勢のこと	右／左どちらか横向きに寝た姿勢のこと

（イラストは右側臥位）

※「きざい」と読む場合もありますが、起座位（上半身を90°起こして寄りかかる体位）との差別化から、「いざい」としています。

4　昭和の主なできごと

利用者や家族の生きてきた時代背景を知り、利用者への理解を深めたり、会話の糸口としたりする際にお使いください。

西暦	昭和	干支	主なできごと
1926	元	寅	12月25日、「昭和」と改元／文学「伊豆の踊子」／NHK（日本放送協会）設立
1927	2	卯	健康保険法施行、給付開始／「アラビヤの唄」／映画「父帰る」
1928	3	辰	昭和天皇即位の礼・大嘗祭／アムステルダム五輪で初の金メダル／大相撲ラジオ放送開始
1929	4	巳	株価大暴落／昭和恐慌／映画「大学は出たけれど」
1930	5	午	金輸出解禁／映画「西部戦線異状なし」／第1回FIFAワールドカップ開催
1931	6	未	満州事変／映画「モロッコ」／漫画「のらくろ」開始
1932	7	申	五・一五事件／チャップリン来日／東京市が35区に／東京競馬場で初のダービー
1933	8	酉	国際連盟脱退／ヨーヨー大流行／「東京音頭」／明仁親王ご誕生
1934	9	戌	溥儀、満州国皇帝に／「忠犬ハチ公」像、渋谷に建立／初のプロ野球球団設立
1935	10	亥	築地市場開業／第1回芥川賞・直木賞／初代象の花子来日、上野動物園へ
1936	11	子	二・二六事件／初のカラーニュース映画公開／沢村栄治、日本初のノーヒットノーラン達成
1937	12	丑	第1回文化勲章、横山大観ほか受章／ヘレン・ケラー初来日／日中戦争勃発
1938	13	寅	日本初の女性弁護士誕生／厚生省設置／映画「モダン・タイムス」
1939	14	卯	第二次世界大戦開戦／大相撲初の15日制に／国民服流行
1940	15	辰	紀元二千六百年記念行事／「ぜいたくは敵だ！」／「月月火水木金金」
1941	16	巳	真珠湾攻撃／厚生省「まず歩こう」運動を提唱／防空頭巾、もんぺ、ゲートル姿が急増
1942	17	午	「欲しがりません勝つまでは」／米国で世界初テレビ放送開始／日本でデング熱流行
1943	18	未	学徒出陣開始／東京府と東京市が統合、「東京都」誕生／米英中三国首脳によるカイロ会談
1944	19	申	砂糖の家庭用配給が中止／学童疎開開始／宝塚歌劇団休演
1945	20	酉	第二次世界大戦終戦／女性参政権が閣議決定／各所で「ヤミ市」
1946	21	戌	国際連合活動開始／「のど自慢素人音楽会」放送開始／「アメ横」誕生
1947	22	亥	日本国憲法施行／手塚治虫、「新宝島」出版／箱根駅伝復活
1948	23	子	国連、世界人権宣言採択／プロ野球初のナイター／日本初の競輪開催
1949	24	丑	湯川秀樹、ノーベル物理学賞受賞／1ドル360円に固定／映画「青い山脈」
1950	25	寅	聖徳太子の肖像で1000円札発行／日本女性の平均寿命、60歳超える／金閣寺全焼
1951	26	卯	サンフランシスコ講和会議／第一回NHK紅白歌合戦開催／「サザエさん」連載開始
1952	27	辰	GHQ廃止／ラジオドラマ「君の名は」／硬貨式の公衆電話が登場
1953	28	巳	「バカヤロー」解散／NHKテレビ本放送開始／映画「東京物語」
1954	29	午	自衛隊発足／映画「七人の侍」／映画「ゴジラ」
1955	30	未	神武景気／映画「エデンの東」／ジェームズ・ディーン交通事故死
1956	31	申	「もはや戦後ではない」／「太陽の季節」芥川賞受賞、「太陽族」ブームに／「週刊新潮」創刊
1957	32	酉	原因不明の奇病、「水俣病」と命名／南極に昭和基地設置／「有楽町で逢いましょう」

巻末資料　4　昭和の主なできごと

西暦	昭和	干支	主なできごと
1958	33	戌	東京タワー完成／皇太子ご婚約、ミッチーブーム／映画「嵐を呼ぶ男」
1959	34	亥	皇太子ご成婚／第1回日本レコード大賞／「週刊文春」創刊
1960	35	子	浩宮徳仁親王ご誕生／ダッコちゃん人形／「家付き、カー付き、ババ抜き」
1961	36	丑	大阪環状線全通／世界初の有人宇宙飛行、「地球は青かった」／「上を向いて歩こう」
1962	37	寅	キューバ危機／東京の人口が1,000万人を突破／ビートルズ、イギリスでレコードデビュー
1963	38	卯	老人福祉法施行／ケネディ米大統領暗殺／「こんにちは赤ちゃん」／テレビアニメ「鉄腕アトム」開始
1964	39	辰	東京五輪、女子バレーボールが金メダル獲得／東海道新幹線開通／「ひょっこりひょうたん島」
1965	40	巳	朝永振一郎、ノーベル物理学賞受賞／日本サッカーリーグ開幕／映画「サウンド・オブ・ミュージック」
1966	41	午	ビートルズ、日本公演／新3種の神器（カラーTV、カー、クーラー）／「ウルトラマン」開始
1967	42	未	ツイッギー来日、ミニスカート流行／リカちゃん人形発売／映画「007は二度死ぬ」
1968	43	申	三億円事件／川端康成、ノーベル文学賞受賞／大河ドラマ「竜馬がゆく」
1969	44	酉	東大安田講堂事件／テレビアニメ「サザエさん」開始／映画「男はつらいよ」第一作
1970	45	戌	大阪万博開催／日航機よど号ハイジャック／「an・an」創刊
1971	46	亥	円変動相場制移行／「戦争を知らない子供たち」／「non-no」創刊、アンノン族現象
1972	47	子	札幌冬季五輪、ジャネット・リン人気に／映画「ゴッドファーザー」／カンカン・ランラン来日
1973	48	丑	江崎玲於奈、ノーベル物理学賞受賞／巨人、V9達成
1974	49	寅	オイルショック／佐藤栄作、ノーベル平和賞受賞／「モナ・リザ」日本初公開
1975	50	卯	ベトナム戦争終結／「私作る人僕食べる人」／「およげ！たいやきくん」
1976	51	辰	ロッキード事件、「記憶にございません」／「徹子の部屋」開始／映画「ジョーズ」
1977	52	巳	王貞治、ホームラン数世界記録樹立／映画「スターウォーズ」／ピンクレディー大旋風
1978	53	午	成田空港開港／「ザ・ベストテン」開始／キャンディーズ解散
1979	54	未	第二次オイルショック／「3年B組金八先生」開始／「ドラえもん」放送開始
1980	55	申	モスクワ五輪に不参加／山口百恵引退／「竹の子族」ブーム
1981	56	酉	福井謙一、ノーベル化学賞受賞／「北の国から」開始／「窓ぎわのトットちゃん」
1982	57	戌	「笑っていいとも！」開始／テレホンカード発行／「赤いスイートピー」
1983	58	亥	老人保健法施行／「おしん」／東京ディズニーランド開園
1984	59	子	ロス五輪、カール・ルイスが陸上で4冠／映画「Wの悲劇」／エリマキトカゲブーム
1985	60	丑	つくば万博開催／阪神タイガース、初の日本一に／日航機墜落事故
1986	61	寅	男女雇用機会均等法施行／「亭主元気で留守がいい」／おニャン子ブーム
1987	62	卯	利根川進、ノーベル生理学・医学賞受賞／坂本龍一、アカデミー賞作曲賞受賞／国鉄民営化
1988	63	辰	青函トンネル・瀬戸大橋開通／東京ドーム完成／横綱千代の富士が53連勝達成
1989	64	巳	1月8日、「平成」と改元／「ベルリンの壁」崩壊／消費税法施行、税率3%

参考文献

- 後藤佳苗『2018年改定対応　記載例で学ぶ居宅介護支援経過』第一法規、2018
- 後藤佳苗『ケアプランの書き方』中央法規、2018
- 後藤佳苗『ワークブック　自立支援型ケアプラン作成ガイド』ぎょうせい、2016
- 後藤佳苗『法的根拠に基づく　介護事業所運営ハンドブック』中央法規、2015
- 後藤佳苗『法的根拠に基づく　ケアマネ実務ハンドブック』中央法規、2014
- 後藤佳苗『実践で困らない！駆け出しケアマネジャーのためのお仕事マニュアル』秀和システム、2012
- 堀公俊『ファシリテーション入門』日本経済新聞出版社、2004
- 介護支援専門員実務研修テキスト作成委員会『六訂　介護支援専門員実務研修テキスト』長寿社会開発センター、2017
- 介護支援専門員実務研修テキスト作成委員会『五訂　介護支援専門員実務研修テキスト』長寿社会開発センター、2012
- NPO法人千葉県介護支援専門員協議会『基礎から学べる「ケアマネジメント実践力」養成ワークブック』中央法規、2011
- 尾崎新『対人援助の技法──「曖昧さ」から「柔軟さ・自在さ」へ』誠信書房、1997
- 担当者会議向上委員会『サービス担当者会議マニュアル』中央法規、2012
- 東京都福祉保健財団『介護支援専門員実務研修テキスト──新カリキュラム対応』東京都福祉保健財団、2016
- 渡部律子『高齢者援助における相談面接の理論と実際』医歯薬出版、1999

著者紹介

後藤　佳苗（ごとう かなえ）

あたご研究所

看護学修士（地域看護学）、保健師、介護支援専門員、千葉県介護支援専門員指導者、千葉県介護予防指導者、千葉市認知症介護指導者、特定非営利活動法人千葉県介護支援専門員協議会理事

略歴と現在の活動

- 千葉県職員（行政保健師）として、保健所、精神科救急病院、千葉県庁母子保健主管課、千葉県庁介護保険担当課等に勤務。2005年4月〜現職。
- 千葉県内を中心に全国で、ケアマネジャー、介護福祉職、行政等職員（都道府県、市町村、団体職員等）、看護職などに対するセミナーを年200回以上担当。
- 法令等をかみ砕いてわかりやすく説明する講義や医療ニーズの高い利用者への介護支援のコツ、認知症のある利用者へのケアマネジメントなど、支援のポイントを押さえた講義が好評。

近著（監修、編著、共著含む）　　　　　　　　　　　　　　　　　　　　　　（2018年8月現在）

ぎょうせい	・ワークブック　自立支援型ケアプラン作成ガイド（2016.6）　など
秀和システム	・実践で困らない！駆け出しケアマネジャーのためのお仕事マニュアル（2012.12）
翔泳社	・福祉教科書　ケアマネジャー完全合格テキスト ・福祉教科書　ケアマネジャー完全合格問題集　など
第一法規	・2018年改訂対応　記載例で学ぶ居宅介護支援経過（2018.6）
中央法規出版	・ケアプランの書き方（2018.1） ・法的根拠に基づく介護事業所運営ハンドブック（2015.10） ・四訂　介護支援専門員のためのケアプラン作成事例集（2015.10） ・法的根拠に基づくケアマネ実務ハンドブック（2014.3） ・サービス担当者会議マニュアル（2012.11）　など
ナツメ社	・早引きケアマネジャーのための介護報酬 加算・減算ハンドブック（2015.10）
南江堂	・看護学テキストNiCE　家族看護学　改訂第2版（2015.12）
メディックメディア	・クエスチョン・バンク　ケアマネ ・クエスチョン・バンク　介護福祉士
ユーキャン	・まんがでわかる！介護のお仕事シリーズ　ケアマネ一年生の教科書（2017.10） ・まんがでわかる！介護のお仕事シリーズ　サ責一年生の教科書（2017.12）

その他、雑誌・情報誌への連載も多数担当

サービス・インフォメーション

――― 通話無料 ―――
① 商品に関するご照会・お申込みのご依頼
　　　TEL 0120 (203) 694／FAX 0120 (302) 640
② ご住所・ご名義等各種変更のご連絡
　　　TEL 0120 (203) 696／FAX 0120 (202) 974
③ 請求・お支払いに関するご照会・ご要望
　　　TEL 0120 (203) 695／FAX 0120 (202) 973

●フリーダイヤル（TEL）の受付時間は、土・日・祝日を除く
　9：00〜17：30です。
●FAXは24時間受け付けておりますので、あわせてご利用ください。

サービス担当者会議の取扱説明書（とりせつ）

2018年9月25日　初版発行
2023年9月10日　初版第5刷発行
著　者　　後　藤　佳　苗
発行者　　田　中　英　弥
発行所　　第一法規株式会社
　　　　　〒107-8560　東京都港区南青山2-11-17
　　　　　ホームページ　https://www.daiichihoki.co.jp/

サー担　ISBN 978-4-474-06364-8　C2036（4）